だから京都は面白い！

京都の不思議探偵団・編著

ロング新書

だから京都は面白い！・目次

第1章 名所に隠された謎

第2章 ガイドブックにない不思議な穴場

第3章　新島八重や山本覚馬が活躍！幕末から明治の京

第4章 呪いと怨念に満ちた京都

第5章 京都は日本のナンバーワン！

第6章 京都のおもしろ地名の謎

第1章

名所に隠された謎

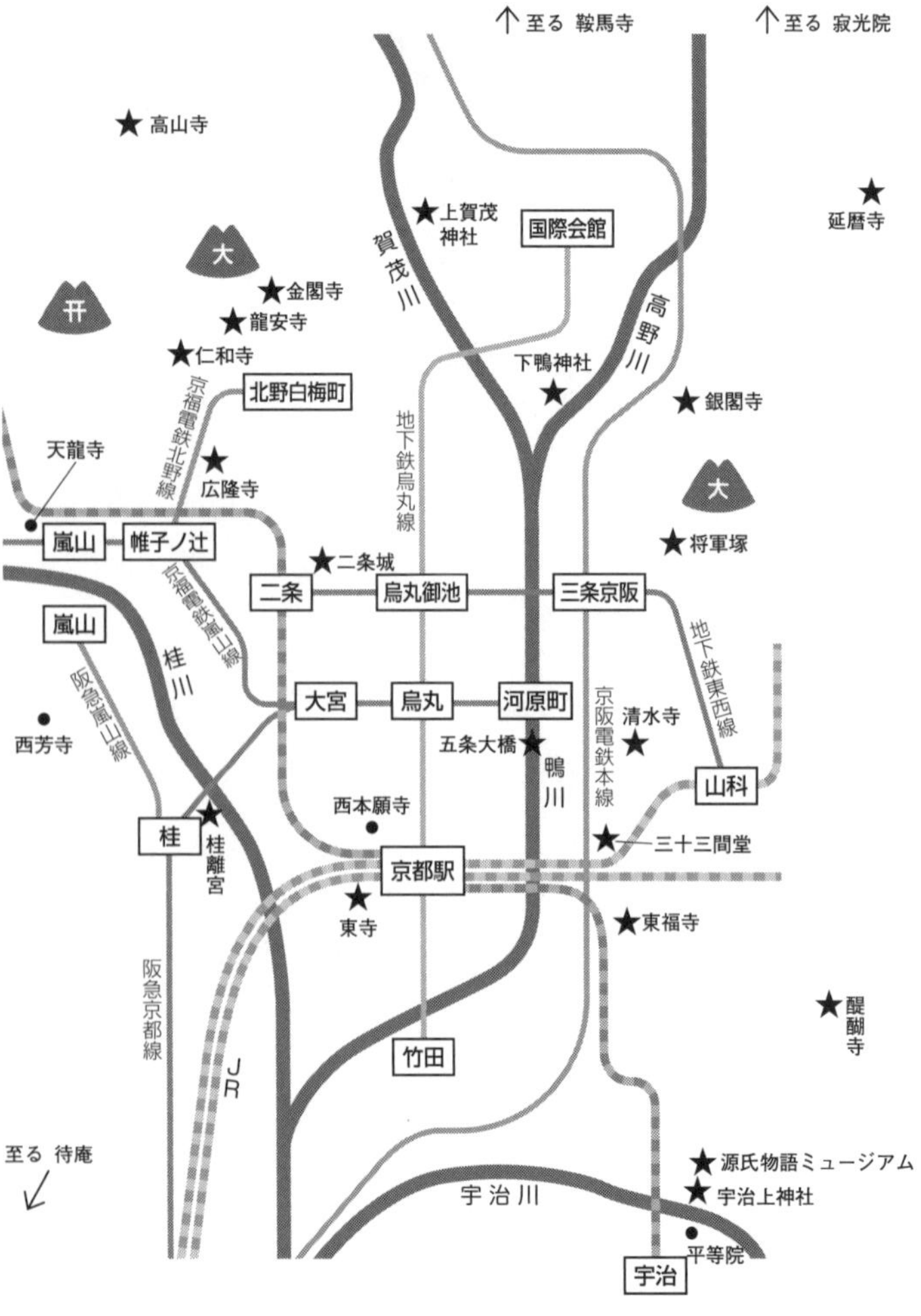

至る 鞍馬寺
至る 寂光院
高山寺
延暦寺
上賀茂神社
国際会館
賀茂川
大
金閣寺
龍安寺
仁和寺
高野川
下鴨神社
銀閣寺
京福電鉄北野線
北野白梅町
天龍寺
広隆寺
地下鉄烏丸線
大
将軍塚
嵐山
帷子ノ辻
二条城
二条
烏丸御池
三条京阪
嵐山
京福電鉄嵐山線
桂川
地下鉄東西線
阪急嵐山線
大宮
烏丸
河原町
京阪電鉄本線
清水寺
西芳寺
五条大橋
鴨川
山科
西本願寺
桂
桂離宮
三十三間堂
京都駅
東寺
東福寺
阪急京都線
醍醐寺
竹田
JR
至る 待庵
源氏物語ミュージアム
宇治川
宇治上神社
平等院
宇治

東福寺（とうふくじ）

京都市東山区本町一五―七七八
ＪＲ奈良線「東福寺駅」下車徒歩10分

奈良の大仏に負けない巨大な大仏が京都にもあった！

意外と知られていないが、じつは京都には奈良の東大寺の大仏にも負けない巨大な大仏があった。それが東福寺にあった大仏である。

東福寺は京都駅の東南、ＪＲ奈良線で一つ目の東福寺駅近くに位置し、東山三十六峰の一つ月輪山《がちりんざん》の麓にある臨済宗の総本山である。鎌倉時代半ば、当時の権力者で摂政だった九条道家が創建した。彼は巨大な大仏をつくり、東大寺や興福寺に匹敵する壮大な寺を造営して安置しようと考えた。

当時道家は関白で、長女を後堀河天皇に嫁がせ朝廷の最大の実力者だった。その権力をアピールするために、東大寺の大仏に負けない巨大な大仏を造ろうと発願したのだ。

寺の名前は東大寺の東と興福寺の福をとって東福寺とした。そして高さ一五メートルの巨大な大仏をつくり、寺は建長七年（一二五五）に完成した。東大寺の大仏が台座からの高さが一四・八九メートルといわれているから、それに負けない大きさだった。そしてこの大仏は何と、明治一四（一八八一）年まで存在していたのだ。

残念なことに、東福寺の大仏は元応元年（一三一九）の火事でいったん焼失し、その後再興されたが、明治一四年の火事でまたもや焼失し、以後は再興されなかった。現在は大仏の巨大な左手だけが火事のとき救出されて保存されている。この左手だけでも高さ約二メートルもあるから、人の身長より高い立派なものだ。

そして東福寺にはもう一つ貴重な重要文化財がある。それが何と、現存する日本最古のトイレである。山門を入ってすぐ左側に禅宗様式の立派な建物が目に入る。外観は大きく見事なもので、とてもトイレとは思えないつくりだ。これが禅僧たちのトイレで東司《とうす》という。

この建物の中には、中央に広い土間があり左右にたくさんの穴が開いていて、それぞれに陶器の壺が二列に計七二個並んでいる。仕切りはなく禅僧たちは一〇〇人くらいが並んで用を足したという。当時はトイレで用を足すことも厳しい作法があり、修行の一つだった。その作法とは、

①法衣を脱いで丁寧に畳み、黄色の土団子を用意する。②右手に水桶を持ち、厠の前で

東福寺東司

これは現存する日本最古のトイレで重要文化財になっている。
禅僧たちは厳しい作法のもと、100人くらいが並んで用を足したという。

わらじに履き替え、厠にのぼって壺の上にそん居して用を足す。このとき決して汚したり、笑ったり、歌ったり、つばを吐いたりしてはいけない。③用がすんだら、ヘラで拭き、右手で水を散らさないように壺を洗う。④手洗い所に行き手を三度洗う。⑤ついで灰で三度、土団子で三度、サイカチ（植物の葉）で三度洗い、その後も水や湯で手を洗う。

じつに細かく規定されていて、清潔さを保つことに神経を使っていたことがわかる。このトイレから出る禅僧たちの排泄物は、京都の農村に売られ、京野菜をつくる肥料として使われ、寺にとって貴重な現金収入となったという。京都の寺は、衛生的なうえ、排泄物も無駄にしないリサイクル精神も行き届いていたのである。

東福寺は紅葉の名所としても名高く、境内にある「通天橋」という橋から眺めた境内の紅葉は息を飲む美しさだ。ぜひ紅葉の季節に訪れて、見事な紅葉と巨大な大仏の手と最古のトイレも鑑賞してほしい。

広隆寺（こうりゅうじ）

京都市右京区太秦蜂岡町三二
京福電鉄嵐山本線「太秦広隆寺駅」下車

国宝第一号の仏像が人気の寺

一二〇〇年の歴史を誇る京都には、国宝や重要文化財クラスの仏像が数多く保存されている。なかでも人気が高いのが広隆寺の弥勒菩薩《みろくぼさつ》である。正式には弥勒菩薩半跏思惟像《みろくぼさつはんかしゆいぞう》というう。これが彫刻の部で日本の国宝の第一号といわれる。じつは広隆寺には「宝冠弥勒菩薩」と「宝髻《ほうけい》弥勒菩薩」の二体の弥勒菩薩があり、いずれも国宝に指定されている。

人気者は「宝冠弥勒菩薩」のほう。スリムな体型で台座に腰かけ、右足を左足大腿部に乗せて足を組み、右手の指先を軽く右ほおに触れて微かに微笑みながら物思いにふける姿は、じつに美しいと評判なのだ。ドイツの哲学者カール・ヤスパースがその美しさから「人間実存の最高の姿」と絶賛したという。

広隆寺の創建は古く、飛鳥時代の七世紀前半には京都市太秦《うずまさ》の地に建立されていたという。創建したのは京都の右京区と西京区一帯を開拓した朝鮮半島からの渡来系の秦氏《はたし》で、広隆寺は秦氏の氏寺である。

秦氏は養蚕、機織、酒造、治水などの技術を持った豪族で一族を引き連れて日本にやってくると、京都や大阪の灌漑治水はじめ農耕や養蚕に携わった。大和朝廷で活躍し、また富裕であったため朝廷の財政にも関わった実力者であったという。

『日本書紀』によると、秦氏族の一人である秦河勝《はたかわかつ》は聖徳太子の有能な右腕として活躍したという。そして七世紀の初め、聖徳太子から尊い仏像を賜って、それを祀るために蜂岡寺を創建したと記されている。この蜂岡寺が広隆寺のことだ。

秦河勝が聖徳太子から譲り受けた仏像が、国宝の弥勒菩薩のことであるといわれているが、日本書紀にはそこまで記されていないので確かなことはわかっていない。また広隆寺に伝えられる史料には、広隆寺は六二二年に亡くなった聖徳太子を祀るために建立されたとある。いずれにしても、京都最古の寺で聖徳太子を本尊として祀る聖徳太子信仰で知られ、現在は太秦の名所である。

弥勒菩薩は国宝第一号に指定されるのも当然だといえるほどしなやかな表情で、かつて京都大学の学生がその美しさに魅かれて、思わず弥勒菩薩像に触れたため、像の右手薬指が折れるという事件が起きたという。折れた指はその後きれいに修復されている。

広隆寺

彫刻で、日本の国宝第一号とされる人気の弥勒菩薩がおわします広隆寺。京都最古の寺で聖徳太子を祀ることで知られ、太秦の名所として多くの観光客が訪れる。

仁和寺（にんなじ）

京都市右京区御室大内三三
JR嵯峨野線「花園駅」下車徒歩15分

現存する最古の日本地図がある！

仁和寺は右京区御室《おむろ》、大内山の麓に建つ寺院で、ユネスコの世界遺産にも登録されている壮大な寺だ。寺の入り口の仁王門はとくに大きくて立派。知恩院の山門、南禅寺の山門と合わせて「京都の三大門」といわれている。

皇室と縁が深く宇多天皇が八八八年に創建して仁和寺と名付けた。宇多天皇は仁和寺で出家して御室《おむろ》と呼ばれる僧坊をつくって住んだため「御室御所」と呼ばれた。

これ以降、仁和寺は歴代の門跡（住職）は皇族が務めたので、門跡寺院となって最高の格式を誇った。

現在の仁和寺は、仁王門のほかに五重塔も有名で桜と紅葉の名所としても知られる。とくに桜は、「御室桜」といい、背丈が低く小さな木で、人の背丈くらいしかないので、桜の花を目の前でよく見ることができる。また京都一の遅咲きで、例年では四月二〇日過ぎに咲く。境内には約二〇〇本の桜があり、背丈が低い花が満開のときは見事な美しさである。

この仁和寺には国宝や重要文化財の建造物のほか、絵、工芸品など貴重なお宝が数多く収蔵されている。

なかでも貴重なのは、現存する日本最古の医学書である『医心方』三十巻の一部と、これまた、現存する日本最古の日本地図がここに残されていることだ。

『医心方』は平安時代の宮中医官だった丹波康頼が、九八四年に全三〇巻を編集して朝廷に献上した。当時の医学全般の知識をまとめたもので、最古の医学書といえる。大変貴重なもので、国宝に指定されている。

また現存する最古の日本地図といわれるものが、仁和寺が所蔵している行基図である。

この仁和寺の行基図は、山城（京都）を中心にしてそのまわりに団子のように各国が重なり合うように描かれているが、南を上にして描かれているので、紀州が上にくるという面白い形をしており、西日本は一部が欠けている。それでも、測量技術がまだなかった時代にもかかわらず、かなり日本列島に近い形をしているのは驚くばかりである。

仁和寺仁王門

知恩院、南禅寺と並んで「京都の三大門」といわれる仁和寺の壮大な仁王門。仁和寺は建物だけでなく、絵や工芸品にも大変貴重な日本の遺産が保存されている。

宇治上神社（うじがみじんじゃ）

宇治市宇治山田五九
京阪宇治線「宇治駅」下車徒歩10分

日本最古の神社建築

宇治市は京都の南部に位置し、宇治茶と『源氏物語　宇治十帖』の舞台として知られる。宇治川に沿って宇治十帖散策コースがあり、宇治十帖の石碑などが建てられている。京阪電鉄宇治駅から宇治川に沿って東南に進むと宇治上神社がひっそりと建つ。

宇治上神社は、現存する最古の神社建築であるといわれる。菟道稚郎子《うじのわきいらつこ》、応神天皇、仁徳天皇を祭神として祀り、創建年など起源ははっきりしていないが、『日本書紀』に次のような話が残されている。

菟道稚郎子は応神天皇の子で、兄は仁徳天皇である。応神天皇は弟の菟道稚郎子を寵愛して皇太子としたが、応神天皇が崩御されたとき、菟道稚郎子は兄の大鷦鷯尊《おおさざきのみこと》（後の仁徳天皇）に皇位を譲ろうとした。しかし兄は父の命に背くことになるとして弟のすすめを断るのだ。なんとも遠慮深い兄弟である。そのため天皇不在の時代が三年間も続いてしまった。困った菟道稚郎子は兄に皇位を継がせるため、宇治川に入水して命を絶つのであった。

そこで宇治上神社は応神天皇、仁徳天皇、菟道稚郎子の三者を祭神として祀ったという。

宇治上神社は歴史が古いだけでなく、二〇〇四年の奈良文化財研究所や宇治市の調査により、境内にある本殿が一〇六〇年頃の建立とわかり、現存する最古のものという説が裏付けられた。

宇治上神社の本殿は国宝に指定されており、中に内殿があり、中央の中殿は応神天皇を、左殿は菟道稚郎子、右殿は仁徳天皇を祀る。

境内にある三つのお堂が日本最古の神社建築といわれ、世界遺産にも登録されている。

近くには源氏物語ミュージアムや宇治橋、さわらびの道、あじろぎの道など見どころがたくさんある。ぜひ一度は宇治を散策してみたい。

宇治上神社

宇治上神社は現存する最古の神社建築であるといわれる。
応神天皇、仁徳天皇、菟道稚郎子を祭神として、「日本書紀」にも文章が残されている。

寂光院（じゃっこういん）

京都市左京区大原草生町六七六
京都バス「大原」下車徒歩15分

この地で生まれた漬物とは？

寂光院は京都市の北郊外、大原の里にある天台宗の寺院。平清盛の娘で高倉天皇の中宮、徳子、後の建礼門院が平家滅亡後に隠棲した寺として知られる。大原の里は比叡山の北西山ろくにあり、京都から福井への街道で小浜街道（鯖街道）沿いにある山村である。

寂光院は草創についてはくわしいことはわかっていないが、推古天皇の時代に聖徳太子が父の菩提を弔うために開いたと伝えられる。

平安時代末期、源平合戦の末に、平家が壇ノ浦の戦いで滅亡すると、平清盛の娘で安徳天皇の母であった建礼門院は、壇ノ浦で入水したが源氏に助けられて京都に送られた。その後出家し、わずかな女官だけをつれて大原の寂光院に入り、平家一門の菩提を弔いながら生涯を送ったという。

寂光院や三千院のある大原は、当時比叡山の僧侶や念仏行者の修行の地で貴人の隠棲する寂しい地だった。建礼門院がここに移った翌年、夫の高倉天皇の父である後白河法皇が建礼門院を訪ねて寂光院を訪れる故事は平家物語で語られている。

この大原の里は京都の名産品である柴漬け発祥の地である。柴漬けは、なすを、刻んだ赤シソの葉で塩漬けにして発酵させた漬物。シソの赤紫色が鮮やかで酸味が強いのが特徴である。伝統的な漬物が多い京都においても、柴漬けは代表的な漬物で、すぐき、千枚漬けと並んで「京都三大漬物」といわれる。

大原の里は山々に囲まれて清らかな水に恵まれ、柴漬けに必要な良質の赤シソが採れた。さらにここは、平安京と若狭湾を結ぶ小浜街道沿いにあり、この小浜街道は若狭で獲れた魚を京の都に運ぶ魚街道、鯖街道ともいわれた。

大原の一帯は冬は雪が深く寒さが厳しい。魚街道は、冬になると行き来が途絶えて食糧も手に入りにくくなる。そのため大原の里人たちは、夏の間にとれた野菜を特産の赤シソで漬けこんで保存食として冬に備えた。当時、大原の里は深い山の中で人も訪れない寂しい地であった。建礼門院にとって、この地での暮らしはわびしいものだった。そこで村人たちは、建礼門院を慰めるために、得意の漬物を献上したという。

村人たちの温かな思いやりと鮮やかな赤紫色の漬物を、建礼門院はひじょうに喜ばれて、

寂光院

平清盛の娘である徳子、のちの建礼門院が平家の滅亡後、隠棲した寺として知られる。
大原の里にはこの寂光院や三千院など観光客に人気の寺が多い。

この漬物に「むらさきはづけ（紫葉漬け）」という名をつけたという。そこで、この漬物の名が「柴漬け」と呼ばれるようになったのである。

さらには、大原には、昔からこの里でとれた薪炭や食糧を頭に乗せ、独特の着物姿で京の都まで売りに歩いた「大原女」という女性行商人がいたことで知られるが、じつは建礼門院に従ってきたわずかな女官たちが、この大原女の起源だともいう。

二〇一三年は建礼門院の八〇〇年忌法要が寂光院で行われた。このとき、柴漬けと大原女発祥の地の石碑も寂光院前に建てられて供養されたという。

下鴨神社（しもがもじんじゃ）

京都市左京区下鴨泉川町五九
京阪電鉄「出町柳駅」下車徒歩10分

じつはみたらし団子発祥の地

下鴨神社は京都市内を流れる鴨川と高野川に挟まれた三角地帯に鎮座し、正式には賀茂《かも》御祖神社《みおやじんじゃ》という。上賀茂神社とともに賀茂氏の氏神を祀る神社で両社を合わせて賀茂社と総称される。両社で行う賀茂祭は葵祭として知られる。

京都の社寺では最も歴史は古く、平安京以前からの創建とされている。境内には糺《ただす》ノ森《もり》という東京ドームの約三倍の面積を持つ広大な森が広がる。

じつはこの神社は、みたらし団子の発祥の地でもある。

みたらし団子とは串に刺した白く小さい団子を焼いて、醤油と砂糖の甘辛いたれをつけたもの。「串団子」「醤油団子」ともいい、庶民的な和菓子であるので全国どこでも扱っているし、祭りなどの屋台でも売られている。串に刺す団子の数は関東は四個が多いが、関西では五個、あるいはそれ以上もある。

みたらし団子は漢字で書くと「御手洗団子」で、下鴨神社の御手洗祭りにちなんでこの名がつけられたという。「御手洗」とは神社で参詣者が手や口を清めるところで、神社は手水場を設けているが、自然の川も利用した。

下鴨神社の本殿東側には御手洗川が流れ、御手洗池があり、ここには御手洗社が建つ。毎年七月の土用丑の日に、御手洗祭りがおこなわれている。これは御手洗池に足をつけると無病息災の御利益があるといわれ、この日に大勢の人が訪れて池にひざまでつかり、無病息災を祈願する祭である。古くは平安時代から行われていた。

そこで、御手洗祭に神社に訪れる大勢の参詣客を目当てに、串団子を売る店が登場して、御手洗祭りの名物となった。この串団子を御手洗団子と呼んだのだ。この店は「加茂みたらし茶屋」といい、現在、神社近くに茶屋を営業している。

ここのみたらし団子は串に五個の団子を刺すが、一番上の団子が少し大きく、他の四個との間は少し開いている。これは串に刺さった団子が人の体を表しているからで、一番上は頭、残りの四個は四肢を表している。

また、鎌倉時代に、後醍醐天皇が下鴨神社に行幸された折り、御手洗池で水をすくおうとしたところ、まず泡が一つ浮き上がり、しばらくして四つの泡が浮き上がった。天皇は下鴨神社の神を信仰し、御手洗池の水を体につけると長寿の御利益があると信じていた。そこでこの泡を見て、長寿に吉兆のあらわれであると喜ばれたという。そこで、その泡を模して、竹串の先に一つ、やや間を開けて四つの団子を刺して、みたらし団子をつくらせたという。

糺の森（ただすのもり）

下鴨神社の境内にある

下鴨神社の森に葉書のルーツがあった？

わが国の郵便制度は明治四年（一八七一）に始まった。それまで通信や情報伝達は、早馬や飛脚によって行われていた。

葉書が国の郵便制度のなかで正式に発行されたのは、明治六年（一八七三）のことで、政府が製造する「官製はがき」の誕生である。明治三三年（一九〇〇）になると、「私製はがき」の発行が認められ、さらに絵はがきも認可されたので、このように、国の郵便制度による官製はがきは、明治初めの近代化とともに誕生したのだ。

実は日本人は古代から「葉書」を用いていた。その字からもわかるように、古代、まだ紙が高価で希少であった頃、木の葉に文字を書いて届けていたものがルーツだという。

その葉書のルーツとなった木の葉は、前項で取り上げた下鴨神社の境内にある広大な社叢林「糺の森」にあった。「タラヨウ」という木の葉である。

タラヨウは常緑樹で樹高二〇メートルにもなる大きな木だ。葉はツバキの葉のように厚くて長楕円形をしており、葉の縁には細かいぎざぎざがある。葉の裏側に先がとがったもので傷をつけるとその部分が黒く変色し、長く残ったので、これを利用して文字が書けた。古代、まだ紙がなかった頃は、この葉に経文を書いたり、手習いに使ったりしたという。文を書き記して通信手段にも使ったので、タラヨウの木は、「手習いの木」「葉書の木」と呼ばれ、現代の葉書の語源になったといわれる。タラヨウの葉は丈夫で文字を書くのに適し、またお茶としても使えたので、古くから神社や寺に植えられるようになった。

糺の森はおよそ一二万四〇〇〇平方メートルにおよぶ広大な原生林で下鴨神社の神林として信仰を集めてきた。ケヤキやエノキ、クスノキなどを中心に約四〇種、四七〇〇本の樹木が生い茂る。

また、現在は下鴨神社祭のいくつかは糺の森で行われている。五月の流鏑馬《やぶさめ》、葵祭《あおいまつり》、夏の御手洗祭《みたらいさい》、立秋の夏越神事《なごししんじ》などで、糺の森は京都市民の憩いの場として親しまれている。

東京の中央郵便局のビルの前にはタラヨウの大きな木が植えられており、「郵便局の木」の碑が建っている。タラヨウの葉に住所氏名、手紙文を書いて一二〇円切手を貼って投函すると、葉書として使用できるという。

下鴨神社の境内にある広大な「糺の森」

銀閣寺（ぎんかくじ）

京都市左京区銀閣寺町二
京都市バス「銀閣寺道」下車

書院造りの始まりとなった建築と謎の砂盛り

京都市内の東、東山三十六峰のひとつ月待山《つきまちやま》のふもとに、代表的な京都観光の名所である銀閣寺がある。銀閣寺は通称で、正式名称は慈照寺銀閣。

室町時代になると、三代将軍足利義満の時代に北山文化が花開き、続いて八代将軍足利義政の東山文化では、茶道、華道などがさらに発展した。

義政は月待山の麓に文明一四年（一四八二）から東山山荘の造営を始めた。応仁の乱の直後で京都の町は疲弊していたが、義政は町民に税や労役を課して山荘を建立し、翌年にはここに移り住んで茶の湯や書画にふける暮らしを始めた。

この東山山荘が後の慈照寺銀閣である。当初、この山荘には会所、常御所、泉殿はじめいくつもの屋敷が建っていたが、現在は銀閣と東求堂《とうぐどう》が残る。

東求堂は仏を祀る持仏堂で、広さは三間半四方で仏間と同仁斎という義政の書斎が設けられている。この同仁斎には付書院と、違い棚がしつらえられており、本格的な書院造りの始まりだといわれる。書院造りは、現代の和風住宅に受け継がれている建築様式で、古代の寝殿造りから発展して鎌倉・室町の武家の時代に成立した。

その特徴は、まず床の間、違い棚、付書院の座敷飾りと呼ばれる設備を備えた座敷であること。書院とは、もともとは床の間のわきに付けられた出窓のような机状の棚で、明かり取りの障子が付いているスペースをいい、禅寺で僧侶が書物を読むための空間のことであった。それがやがて書院の設備を備えた座敷や建物のことを広く呼ぶようになった。

そのほか銀閣には、庭園に謎の造形物がある。それが向月台と銀沙灘という砂盛り。向月台は円錐形に砂を盛り上げ頂上を平坦にした砂の造形だ。いっぽう銀沙灘は白砂を壇のように盛り上げて波の模様をつけたもの。これらは義政がつくらせたものではなく、江戸時代のものだというが、いつ誰が何の目的でつくったのかは謎なのだ。

向月台はこの上で月待山の上に昇る月を愛でるため、銀沙灘は月光がこの砂に反射して幻想的に輝く庭を鑑賞するため、といわれるが、くわしいことは不明である。

これら砂盛りがある庭園の見事さと、書院造りのルーツとなった日本の建築史上、大変貴重な存在の東求堂は訪れる人を魅了している。

銀閣寺東求堂

本格的な書院造りの始まりといわれる東求堂。
仏を祀る持仏堂で、仏間と、同仁斎という足利義政の書斎が設けられている。

東寺（とうじ）

京都市南区九条町一
市営バス「東寺道」下車徒歩８分

京都の玄関に建つ五重塔は日本一の高さを誇る

東寺は京都の玄関口、南区九条に建つ壮大な真言宗の寺で、東寺真言宗の総本山である。京都駅近くから、木造の塔では日本一の高さを誇る五重塔が見えるのは、まさに京都のシンボルだ。

東寺は正しくは教王護国寺という。桓武天皇が平安京を造ったとき、京都の国家鎮護のために建立を始めた。現在の東寺は、ほぼ平安時代の創建当時のままといい、広大な境内には立派な金堂、講堂、南大門などが建つ。五重塔は高さ約五五メートルあり、現存する木造の塔では日本一である。

八二三年、嵯峨天皇が東寺の管理を弘法大師空海に賜り、空海が寺の繁栄に尽くしたので、以後真言密教の根本道場として栄えた。

では、東寺があるなら西寺はないのか、という疑問が起きる。じつは平安時代には西寺も存在した。桓武天皇は平安京の入り口に羅城門を造り、都を護るために左右に東寺と西寺を建立したのだ。そして嵯峨天皇は東寺を空海に、西寺を僧守敏にゆだねた。

空海はそのころ、真言密教を開き、全国の土木事業や灌漑事業、干拓事業を進めて民衆を助けたので大変な人気だった。学問や書芸にも優れておりヒーローだった。

空海は東寺を発展させるためにあらゆる努力をした。この頃は落雷や災害によって寺が焼失することが多かったからだ。空海は寺が傷んだら天皇や公家に援助を頼んで木材を買い修復に務めた。歴代の天皇や貴族、武士たちは、弘法大師空海への帰依から、東寺への援助を惜しまなかった。とくに南北朝時代の後醍醐天皇は東寺の発展に尽力し、足利尊氏はここに本陣を置いたほどだ。

西寺は創建当時は国の造った寺として栄えたが、落雷によって焼失し、その後再建されたが、しだいに衰退し廃寺となった。守敏にまかせられていたが、寺の管理は国の財政にたよっていた。平安時代の半ばは国の財政は苦しく、そのため西寺にかける費用が捻出できなかったのだ。現在、西寺の跡は公園となり、石碑が建っているのみである。それにひきかえ、東寺は世界遺産にも登録され、いまもお大師さんの寺として庶民に親しまれている。毎月二一日は「こうぼうさん」といって参道に市が立ち、大勢の人が訪れる。

木造の塔では日本一の高さを誇る東寺五重塔

三十三間堂（さんじゅうさんげんどう）

京都市東山区三十三間堂廻り町六五七
市営バス「博物館三十三間堂前」下車徒歩3分

なぜ一千一体も観音像があるのか？

三十三間堂は東山七条、京都駅からバスで一〇分ほどの地に建つ仏堂である。正式な名は蓮華王院という。平安時代末期に後白河上皇が自分の離宮として建てた法住寺の中に創建した。

法住寺は上皇が平清盛に命じて資金を提供させ、離宮として建立した。創建当時は五重塔もある壮大な寺院で、三十三間堂はその境内の一画に建てられた本堂であった。だが一二四九年の火災で法住寺は焼失。三十三間堂だけが再建され現在に至っている。

ここには一千一体もの十一面千手観音像が祀られていることで知られる。お堂の中央に本尊の千手観音の座像が安置され、その左右に長大な階段状の仏壇があり、一〇〇〇体もの千手観音立像がズラリと並ぶ。本尊の千手観音像の背後にも一体の立像があるので合計一千一体である。

その光景は圧巻で、お堂に足を踏み入れると、一千一体の観音さまに圧倒される。京都の寺でもこんなに仏像が並んでいるのはここだけである。これらの観音さまをつくったのは、仏像彫刻士で有名な運慶とその子湛慶で、弟子を七〇名余もつかって製作したという。三十三間堂という名は、本堂の内陣の柱と柱の間の数が三三あることからついたといわれる。また『法華経』の教えによると、三三という数は、観音さまが三三の姿に化身して民を救うことにちなむという。

ではなぜ後白河上皇はこんなに膨大な観音像をつくらせたのだろうか？

一千一体の観音さまはそれぞれ一体が四〇の手を持つ。したがって観音さまの救済は計り知れない。

後白河上皇は観音さまに計り知れないほどの救済を求めたのではないかといわれる。上皇は徐々に権勢をつけて台頭してくる平家と源氏の武士と対立を繰り返した。戦乱が相次ぎ平清盛とも対立し、何度も幽閉されて、ついには院政を停止させられた。波乱万丈の人生で、一瞬たりとも心が休まることはなかった。その上、世の中は相次ぐ天変地異と戦乱で疲弊し、末法思想が蔓延していた。

上皇は末法の世と自身の救済を膨大な数の観音像に求めたのである。

三十三間堂

長大な階段状の仏壇に一千一体の観音さまが立ち並ぶ光景には圧倒される。作者は有名な運慶とその子湛慶である。

桂離宮（かつらりきゅう）

京都市西京区桂御園
市営バス「桂離宮前」から徒歩８分

なぜキリシタン燈籠が天皇家の離宮にあるのか？

有名なドイツの建築家ブルーノ・タウトが「日本建築の世界的奇跡」と高く評価したのが、京都の西郊外、桂川の西岸に造営された桂離宮である。

七ヘクタールに及ぶ広大な敷地には、見事な造形美の庭園、池、茶亭、築山、燈籠、書院などが配されている。デザイン、色、造りに複雑で巧妙な工夫がなされ、パースペクティブ（遠近法を強調する画法）などの西洋建築様式も取り入れ、じつに優れたデザインの建築であると、世界的にその名が轟いている。

この離宮は、江戸時代の初めに八条宮智仁親王と智忠親王の親子が八条家の別荘として造営したもの。智仁親王は文化、芸術、芸能などにすぐれていた。さらに茶道家で建築、造庭の天才といわれた小堀遠州が離宮造営に当たって親王父子に協力したといわれる。

建物は書院造りと数寄屋造りの代表的建築である。素晴らしい建築物だが、天皇家の離宮のため見学は自由にはできず、事前に申し込むことが必要である。

謎めいているのは、離宮の庭園内にキリシタン燈籠が七つも存在すること。燈籠は古くから寺院や神社の灯りとして石や銅などでつくられてきたものだが、キリシタン燈籠は石灯籠の竿が十字架の形をしていたり、マリア像のレリーフが彫られていたりする。キリスト教が禁じられた時代に、十字架やマリア像を燈籠に隠し彫って、キリシタンが密かに信仰の助けとしたものである。

しかし桂離宮は天皇家の建物なのに、なぜキリシタン燈籠が置かれているのか？

じつは八条宮家の家臣で智仁親王が信頼を置いていた本郷織部がキリシタンだった。江戸時代にはキリスト教は禁じられていたので、織部は処刑された。

それを悲しんだ智仁親王が彼の死を悼んで、小堀遠州にキリシタン燈籠を造らせたのではないかといわれている。燈籠が七つあるのは、織部家の者が七人処刑されたからではないかともいわれる。

また別の説では、智仁親王の妻女は、キリシタン大名の京極高知とマリア夫妻の娘であったからという。離宮内にさまざまな西洋建築が取り入れられているのも、妻女の影響ではないかといわれている。

龍安寺（りょうあんじ）

京都市右京区龍安寺御陵ノ下町一三
市営バス「妙心寺北門前」下車徒歩４分

石庭の石に秘められた謎とは？

京都市の北西、北区にある金閣寺から仁和寺に向かう通りは「観光ロード」といわれる。その道の途中にある龍安寺は、枯山水の石庭で世界的に知られる。この一帯は金閣寺、等持院、仁和寺が並び建ち、嵯峨野も近く人気のスポットで観光客も多く訪れる。

龍安寺は、室町時代の管領で実力者だった細川勝元が、一四五〇年に創建した禅宗寺院である。石庭の人気の秘密は、この庭にさまざまな謎が秘められていて、鑑賞した者がその謎をそれぞれ考えることが面白いからといわれる。

まず、石庭の作者、作庭年、造形の意味が不明で謎のままである。

石庭は境内の北側にある方丈《ほうじょう》（本堂）の前にあり土塀に囲まれた長方形の空間である。幅二二メートル、奥行一〇メートルでそれほど広くない。ここに白砂が敷きつめられ、一五個の石が置かれている。砂と石のほかは何もなく、石の配置も一見すると意味がないように思える。

室町時代の日本庭園といえば、池泉回遊式庭園で池と木や草の緑が欠かせないが、枯山水の庭には何もない。この何もない空間がじつは宇宙を表し、白砂の波紋が水の流れを表しているという。何もないところに美を見出す日本人ならではの感性の表現だという。

また別の説では、中国の庭園にならって白砂は海を、一五個の石は鳥や山を表しているという。点在する石は北斗七星で、白砂は宇宙そのものを表現しているという説もある。

さらに謎なのが、一五個の石の配置である。方丈殻から見ると、石は七、五、三個ずつ置かれており、「七五三配石」といわれる。また庭をどの方向から見ても、必ず一個の石が他の石に隠れて見えなくなるように配置されている。どこから見ても一五個すべての石をみることはできないのだ。

なぜこんな配置にしたのか。一説には、中国の数字の思想によるという。十五夜というように、十五は中国では完全数である。しかし「物事は完全になったときからくずれる」という考え方があるので、十五に一つ足りない十四に見えるように工夫したという。

あるいは、「虎の子渡し」といって、大河を前にした母トラが、子トラを連れて渡ろうとしている様子に見立てているという説もある。

龍安寺石庭

作者、造られた年、造形の意味がすべていまだに不明で謎だらけの龍安寺石庭。外国の観光客にも日本の精神が学べると人気が高い。

待庵（たいあん）

京都府乙訓郡大山崎町・妙喜庵内
JR東海道線・山陽本線「山崎駅」下車徒歩1分

千利休はなぜ、へき地に茶室をつくったのか？

茶道の始まりは、平安時代の喫茶の風習からといわれ、室町時代になると連歌の会などで茶を立てて会所の座敷に運ぶ茶湯所が設けられた。

現存する日本最古の茶室が、京都府乙訓郡大山崎町、天王山のふもとにある。「待庵《たいあん》」という茶室で、妙喜庵《みょうきあん》という臨済宗の寺の中にあり、千利休が造ったといわれる唯一の茶室であり、国宝に指定されている。

妙喜庵は室町時代の明応年間（一四九二～一五〇一）、東福寺の春獄士芳禅師によって創建された。現在この寺は、JR山崎駅の駅前にひっそりとたたずむ。それほど大きな寺ではないが、境内に茶室の待庵があることで知られ、訪れる人も多い。

では利休はなぜこの地に茶室をつくったのか？　それは豊臣秀吉に関係する。

天保一〇年（一五八二）、本能寺で織田信長が討たれると、秀吉は、備中高松から大急ぎで京へ戻り、この大山崎の地で信長を討った明智光秀と激突した。

有名な山崎の合戦である。その際、大山崎を一望のもとに見渡すことができる天王山の頂上にあった山崎城を本拠地とした。合戦はあっけなく秀吉が勝ったが、秀吉は半年ほどこの城に住み、千利休を招いてここに茶室をつくらせたのが待庵である。

利休は、急いで二畳の狭い茶室をつくり、秀吉のために茶を点じた。その後この茶室は慶長年間（一五九六～一六一五年）にふもとの妙喜庵に移された。

利休は茶室を独自の構想により侘び茶の様式を取り入れて完成させ、二畳、三畳の狭い小間を造った。それは、「直心《じきしん》の交《まじわり》」といって、主人が客と心を通い合わせるためという。

では秀吉はなぜ山崎の合戦直後、利休に茶室をつくらせたのか。なぜ京の都や大坂ではなく辺鄙な山崎の地に茶室をつくらせたのか。利休は秀吉に仕える前は、織田信長に重用されて茶頭にまで採用されている。

ところが信長が討たれて、天下は秀吉の元に回ってきた。秀吉は自分が天下人になることを世の中に知らしめるため、信長が寵愛した利休を山崎合戦後にさっそく招き、利休好みの茶室を城に急遽つくらせたのではないかという。これからは天下は秀吉のものであり、茶人も秀吉に仕えよと宣言したかったのであろう。

待庵

現存する日本最古の茶室。千利休が造ったといわれる唯一のもので国宝に指定されている。

高山寺（こうさんじ）

京都市右京区梅ヶ畑栂尾町八
市営バス「高雄」下車徒歩12分

国宝と茶栽培で知られる寺

高山寺は京都市の北西郊外の栂尾《とがのお》の山中に位置し、世界遺産に指定され、紅葉の名所として知られる。創建は奈良時代といわれるが、じっさいに開いたのは鎌倉時代の僧・明《みょう》恵《え》によるという。

また、日本ではじめて茶がつくられた場所として知られる。日本に茶の種が初めて入ったのは、平安時代の初期、唐に留学した僧によるといわれている。しかし本格的な茶の栽培が始まるのは鎌倉時代で、臨済宗の創始者である僧の栄西による。

栄西は二度ほど宋にわたり建久二年（一一九一）、宋から帰国したときに茶の種を持ち帰った。そして親しくしていた高山寺の明恵にも茶の種を分け与えた。

そこで明恵は高山寺の境内に茶の種をまいて栽培を始めた。

これがわが国の茶の栽培の始まりであり、高山寺の茶園が日本最古の茶園といわれている。茶には仏教の修行を妨げる眠りをさます効果があった。そこで、明恵は高山寺の茶栽培を弟子たちにもすすめたので、この後ひじょうに盛んになり、茶の名産地といえば栂尾のことを言うようになった。

栂尾の茶はきわめて良質で、愛好家たちから「本茶」の称号を与えられ最上級の品質といわれ、それ以外の茶は「非茶」とされた。明恵はさらに茶の栽培を広めるため、山城の宇治を栽培に最適な条件の地として選び、宇治に茶栽培を伝えた。こうして栂尾にかわる天下の銘茶宇治茶が誕生したのである。

高山寺の茶園で採れた茶は、鎌倉・室町時代には天皇や将軍家にも毎年献上された。現在も高山寺には当時の茶園の一部が残り、五月の中旬になると茶摘みがおこなわれる。また毎年十一月八日には明恵上人に新茶を献上する献茶式が開山堂で行われている。宇治から茶業組合員や関係者もやってきて、明恵上人と茶の普及につくした人びとの供養を行っている。

またこの寺には『鳥獣戯画』という国宝の絵巻物がある。ウサギ、カエル、サルなどの動物を擬人化して当時の世相を風刺して描いたもので、ユーモアあふれ、リズミカルな表現は、現代の漫画と同じ技法が用いられていて、日本アニメのルーツといわれている。

現在、高山寺の建物は山の森の中に点在しており、うっそうとした周囲に建つ素朴な寺はまさに山寺の雰囲気。だが、紅葉の季節は真っ赤に染まり、目を見張る美しさである。

明恵に茶の種を分け与えた栄西は、その後、鎌倉幕府の庇護を受け、建仁二年（一二〇二）に源頼家の援助によって京都祇園に建仁寺を建立した。鎌倉時代は、茶は嗜好品というよりも、薬として用いられていた。

栄西は晩年には『喫茶養生記』を著し、茶の健康効果を広めている。

その序文には「茶は養生の仙薬なり。延齢の妙術なり」とあり、とくに茶は心身を爽快にして心臓をととのえ万病を除くことができ、また茶は酒の酔いと眠気を覚ます特効薬であるとしている。そこで、僧侶の間では修行中の眠気覚ましにも珍重されたという。

現在、建仁寺の境内は茶木の生垣で埋め尽くされている。開山堂の近くには茶碑が建ち、その裏手には小さいながら茶園も造られている。高山寺と建仁寺は仏教だけでなく日本茶の普及につくしたのである。

金閣寺（きんかくじ）

京都市北区金閣寺町一
市営バス「金閣寺道」下車徒歩5分

禅寺なのになぜ絢爛豪華にしたのか？

京都市の北西部に連なるなだらかな山並みは北山と呼ばれているが、この北山のふもとに三代将軍・足利義満が建てたのが鹿苑寺金閣である。金閣寺は通称で正式名称は鹿苑寺で金閣とは寺の中心にある舎利殿のことだ。

鎌倉時代の公家・西園寺公経の別荘を義満がゆずり受けて、別荘に改築したのが始まりで、「北山殿」と呼ばれた。義満は将軍職を息子の義持にゆずると、この別荘を隠居所として建造し、移り住んだ。

境内の中央に鏡湖池という大きな池があり、そのほとりに金色に輝く舎利殿が建つ。これが金閣で、漆に金箔を貼った建物で、三層からなる。一層は寝殿造り、二層目は書院造り、三層目は禅宗仏殿造りと、異なる建築様式が用いられている。金箔を貼った建物は禅寺には似つかわしくないほどのきらびやかさである。

鏡湖池に映る金閣も美しく、庭園もまた見事で国の特別名勝となっている。庭園の裏の方には「夕佳亭」という小さな数寄屋造りの茶室がある。これは義満ではなく、江戸時代の茶道家の金森宗和が建てたもの。夕暮れにここから眺める金閣はじつに美しいといわれる。しかし、義満は隠居して住む禅寺になぜ金箔をほどこして、絢爛豪華な建物にしたのだろうか。禅寺なら金箔をほどこす必要などないではないか。

じつは北山殿は隠居所ではない。義持に将軍職をゆずっても、義満は隠居などする気はなく、政権を取り続けた。その政権をふるう御所が北山殿だった。当時は壮大な敷地に舎利殿の金閣のほかに仏殿、書院、不動堂などもあり、いまの鹿苑寺よりずっときらびやかな豪華さで、まさに御所のようであったという。

義満は朝廷や天皇、すべての者の上に立つことをアピールするため、家臣だけでなく僧侶や天皇までもここに参集させたという。だが、義持だけは呼ばなかった。義満は義持よりも弟の義嗣を可愛がったので、義持は義満を憎み、二人の仲は険悪だった。

そこで義満が没すると、義持はこの北山殿を嫌って禅宗寺院につくりかえた。それで鹿苑寺という。仏殿、書院、不動堂は取り壊され、舎利殿と庭園だけが残されたのだ。

金閣は昭和二五年、放火によって全焼した。その五年後に再建され、現在に至っている。

将軍塚（しょうぐんづか）

京都市東山区粟田口三条坊町六九―一
地下鉄東西線「蹴上駅」下車徒歩30分

京都の夜景スポットに埋められているものは？

京都の夜景を一望の下に見ることができるスポットが、東山連峰のひとつ、華頂山上に建つ青蓮院飛び地境内の将軍塚だ。ここからは、京都市内を一望できる大パノラマが楽しめる。

華頂山頂の駐車場にも市営展望台があるが、この展望台の眺めより将軍塚展望台の眺めのほうが素晴らしい。

将軍塚のある大日堂は大日如来を祀ったお堂で、境内の北側と西側の二ヵ所に展望台があり、どちらの展望台からの眺めもじつに見事。とりわけ夜景の美しさは大人気となっている。

将軍塚は平安時代につくられ、直径約二〇メートル、高さ約二・五メートルの塚だ。じつはここには不思議な言い伝えが残っている。国家に何か大事や異変が起こりそうになると、塚が大きく揺れるというのだ。事実、『源平盛衰記』や『太平記』にも、塚が揺れ動いたという記録が残されている。

何と、塚の下には、桓武天皇の命によって坂上田村麻呂の土像が埋められていて、それが国家の異変を感じ取ると、京都の人々に警告を発するというのだ。坂上田村麻呂は、当時の平安京の人々の崇拝を一身に集めた英雄である。

ではなぜ田村麻呂の土像がここに埋められているのだろうか。

平安京を造った桓武天皇には、もう一つ、ぜひとも成し遂げたい重要なことがあった。東北地方を支配下にすることである。東北には古代から朝廷の支配下に入らない人々が住んでいて「蝦夷」と呼ばれていた。そして大和政権の頃より蝦夷は朝廷に対し、たびたび反乱を起こしてきたという。

桓武天皇は、そんな蝦夷を征討しようとするのだが、蝦夷の首長アテルイは勇猛で朝廷軍は常に大敗していた。

それでも蝦夷征討を諦めない天皇は、七九一（延暦一〇）年、大伴弟麻呂を征夷大将軍、副将軍に坂上田村麻呂を任命し、一〇万もの大軍を差し向けた。するとこの戦で田村麻呂が戦果をあげ、朝廷側はやっと勝利することができたのだ。七九七（延暦一六）年には、

将軍塚

将軍塚からの見事な夜景。
この塚の下には坂上田村麻呂の土像が埋められているという。

田村麻呂が征夷大将軍に任じられ、再び蝦夷征討に向かい、ついにアテルイ率いる蝦夷軍を平定した。

これを大いに喜んだ桓武天皇は、彼を昇進させ大納言に任じた。そして田村麻呂の土像をつくって都を守らせようと考えたのだ。

そこで高さ二メートルの坂上田村麻呂の土像に兜と甲冑を着せ、鉄の弓矢と太刀を持たせて塚に埋めたといわれている。

源氏物語ミュージアム

京都府宇治市宇治東内四五―二六
JR奈良線「宇治駅」下車徒歩15分

実在する源氏物語の舞台をめぐる

京都駅から南へ下ると、茶の生産で知られる宇治に至る。歴史のゆかりある名所旧跡が点在する。とくに、宇治川沿いには『源氏物語』ゆかりの旧跡が数多く残り、すべてに古跡碑が設置されている。『源氏物語』の登場人物を思い描きながら、宇治十帖古跡めぐりをする散策コースは人気となっている。

『源氏物語』は一一世紀初めに紫式部によって書かれた王朝貴族たちのドラマで、全五四帖から成る長編小説である。成立から一千年余がたつが、現在も多くの人に読み継がれ、映画やアニメにまでなるほど現代でもその人気は衰えない。

物語は三部構成になっていて、第一部は天皇の皇子・光源氏の誕生から栄華をきわめるまで。第二部は光源氏が苦悩のうちに生涯を終えるまで。第三部は光源氏の死後、その子薫大将の半生についてである。最後の十帖は京都の南方の宇治が舞台となっているため

源氏物語ミュージアム

源氏物語ファンにはたまらない源氏物語ミュージアム。
王朝文化のすべてをわかりやすく見せてくれる。

「宇治十帖」と呼ばれている。

紫式部は藤原道長が栄華をきわめた摂関政治全盛のときに、道長の娘彰子に近侍し、その目で実際に見た王朝の暮らしを描いた。したがって創作ではあるが、登場人物にはモデルがあり、舞台となった場所は実在する地が多い。これまで多くの研究者がモデルや舞台になった地を調べてきた。

とくに物語の冒頭に登場する内裏は、実在した平安京の内裏をモデルにし、登場人物の邸や寺院なども京都市内に実在した建物を特定することができるようになった。

内裏の大極殿跡、豊楽院跡、朱雀院跡など物語ゆかりの地は、二〇〇九年の「源氏物語成立千年紀」を迎えた年に、京都市が四〇ヵ所を選んで石碑や説明板を設置した。設置場所はいまでは公園、学校、会社、個人住宅の敷地などさまざまに変わっている。

宇治十帖古跡めぐりをするなら、宇治神社と源氏物語ミュージアムはぜひとも訪れたい。JR宇治駅を出て突き当たりの商店街を左に曲がると宇治川にぶつかる。宇治川にかかる宇治橋のたもとには紫式部の像が建つ。

宇治駅からスタートして平等院、塔の島、宇治神社、宇治上神社、源氏物語ミュージアムなどをめぐる。点在する宇治十帖古跡碑を眺めて歩く約四時間のコースがおすすめ。

五条大橋と鞍馬寺

人気の英雄義経を偲ぶコース

五条大橋
京都市東山区五条通鴨川
地下鉄烏丸線「五条駅」下車徒歩10分
鞍馬寺
京都市左京区鞍馬本町一〇七四
叡山電鉄鞍馬線「鞍馬駅」下車徒歩15分

五条大橋は京都市内を流れる鴨川にかかり、下京区と東山区の境にある。五条通の国道1号線の一部である

平安時代末、この橋の上で牛若丸（源義経）と弁慶が出会ったといわれ、橋の西側のたもとには京人形風の牛若丸と弁慶の石像が建ち、道行く人を楽しませている。

乱暴者の僧・武蔵坊弁慶は、京都で千本の太刀を奪おうと決め、道行く人から奪い九九九本まで集めた。最後の一本となったとき、五条大橋の上で笛を吹きつつ通る牛若丸に出会い、牛若の太刀を奪おうと襲いかかったが、欄干を飛び交う身軽な牛若丸にかなわず、平伏した。その後は最後まで牛若丸の家来として仕えたという。

この牛若丸が後の義経で、平氏を打ち破るヒーローとなる。

伊豆に流されていた源頼朝は、一一八〇（治承四）年、平氏打倒の兵を挙げた。頼朝の

異母弟の義経も、兄の下に駆けつけてその軍に加わった。一一八五年には瀬戸内海の壇ノ浦の戦いでついに平氏一門を滅亡させた。

だがその輝かしい戦歴は、兄の頼朝と対立する要因となった。義経は後白河院じきじきに戦果を称える勅使を送られ、京都に凱旋した。そして源氏の総領である頼朝の許可を得ないで朝廷から受けた官職に任官した。

この頼朝の許可なく官位を受けたことと、平氏追討の緒戦で義経が頼朝の命をきかずに独断で動いたこと、壇ノ浦の戦いでは義経の性急な攻撃で三種の神器の一つ宝剣と安徳天皇を海中に沈めてしまったことは、磐石な武家政権を樹立しようとしていた頼朝にとってはじつに重要なことであった。頼朝は激怒した。

そして義経が鎌倉に入ることを許可しなかった。さらに頼朝は義経の所領をことごとく没収し、ついに義経追討の命令を下した。義経の平氏打倒の華々しい活躍は、何の役にも立たなかったばかりか、義経を自滅への道へとたどらせることになったのだ。

義経も後白河院から頼朝追討の院宣を受けて挙兵するが、賛同する者は少なく敗れ、藤原秀衡を頼って奥州の平泉に逃げのびる。だがたびたびの頼朝の義経征伐の命に屈した藤原泰衡に襲撃されて一一八九（文治五）年、妻と子女とともに自害して果てた。

五条大橋

鞍馬寺

義経が幼少時代、修行を積んだ鞍馬寺は、現在も京都の北に位置しており、標高五七〇メートルの鞍馬山の南斜面に建つ。

京都市内から鞍馬寺に行くには、叡山電鉄の出町柳駅から終点の鞍馬駅まで約三〇分乗り、下車すると駅の目の前が鞍馬寺である。

仁王門をくぐると、由岐神社が出迎える。そこから本殿金堂まで約三〇分の上り坂が続く。坂がきつい人にはケーブルカーがおすすめ。約二分で本殿に到着する。

広大な境内は急峻な山道で、太い木の根が露出する「木の根道」、多宝塔、毘沙門堂、魔王奥の院、鬼一法眼社、義経の修行場など見どころが点在し、境内をすべて巡るには約二時間かかる。山ふところに抱かれた鞍馬寺で、義経を偲びながら、自然を満喫するのはいかがだろうか。

●世界遺産

「古都京都の文化財」をめぐるコース

京都は歴史的文化遺産の宝庫で、神社仏閣、観光スポットがたくさんあってどこを回っていいか、外せないスポットはどこかわからないという人もいる。そこで、欠かせないのが世界遺産に指定されたスポットだ。

一九九四年、「古都京都の文化財」がユネスコの世界遺産に登録された。一七の神社、寺、城からなる名所。それらを巡るコースをあげる。ぜひ散策してほしい。

【西のエリアコース】

①西芳寺（苔寺）

西京区松尾にある臨済宗の寺院。約一二〇種の苔が境内一面を覆い、まるで緑のじゅうたんを敷き詰めたような美しさ。

②天龍寺

足利尊氏が後醍醐天皇の菩提を弔うために建てた禅寺。嵐山の近くで桜も紅葉も見事。壮大な規模で京都五山の第一位の寺で格式が高い。夢想国師がつくったという庭園が見事で、四季折々に美しい。

③高山寺

北山杉の里にある高山寺は紅葉の名所で名高い。日本最古の茶園があることで知られる。ウサギやカエルなど動物を擬人化した画で国宝の「鳥獣戯画」はアニメのルーツとしても有名だ。

④仁和寺

兼好法師の『徒然草』に登場する壮大な寺。仁王門と五重塔は有名、桜の名所で遅咲きの桜は「御室桜」という。

⑤龍安寺

白砂に一五個の石を配した枯山水の石庭は世界的にも有名で、その造形美には謎が多く作者も不詳のまま。訪れる外国の観光客が多い。

⑥金閣寺

三代将軍足利義満が造営した別荘で、北山文化の代表的建築物。金箔の貼った黄金の舎利殿金閣はあまりにも有名。

【東のエリアコース】

⑦上賀茂神社

賀茂氏の氏神を祀る神社。葵祭や賀茂のくらべ馬の神事で知られる。上賀茂神社境内は緑あふれる広大な敷地で、国宝や重要文化財の宝庫。すぐき漬けで有名。

⑧下鴨神社

下鴨神社の創建は古く、上賀茂神社と合わせて賀茂神社といわれる。境内には広大な糺の森がうっそうと広がる。

⑨比叡山延暦寺

京都市左京区と滋賀県大津市の境にある比叡山全域を境内とする寺院。平安時代初めの最澄により開創され、以後、親鸞、日蓮、法然など多くの名僧を生んだ。高野山と並ぶ平安仏教の中心である。

⑩銀閣寺

東山にある慈照寺。東山文化の代表で庭園は苔寺をモデルにつくられ、錦鏡池は池泉式庭園の発祥だといわれる。

⑪清水寺

平安京遷都以前からの歴史を持つ桜と紅葉の名所である。音羽山の中腹に建ち、「清水の舞台」と呼ばれる本堂からは京都市内が一望のもとに眺められる。

【南のエリアコース】

⑫平等院

京都市の南、宇治市に建つ。藤原道長の子・頼道が創建した寺。美しい境内と建物は極楽浄土の世界を表現しているという。

⑬宇治上神社

現存する日本最古の神社建築といわれる。本殿は国宝でいかにも最古の歴史を感じさせられる。

⑭醍醐寺

境内にある五重塔は京都では最古の木造建築物。桜の名所としても知られ、豊臣秀吉はここで贅をつくした「醍醐の花見」を催した。

⑮二条城

徳川家康が創建した築城四〇〇年の城。江戸幕府の栄枯盛衰の舞台となった。三つの庭園、大広間など見どころがいっぱいである。

⑯西本願寺

浄土真宗本願寺派の総本山。ひぐらし門、飛雲閣など優れた建造物が見応えある。水吹き銀杏、抜け雀の間など面白スポットもある。

⑰東寺

京都の玄関口に鎮座する。平安京を鎮護するため、弘法大師が建立した。京都のシンボルといわれる五重塔は高さ五五メートルもあり、木造建築としては日本一の高さを誇る。毎月二一日に開かれる弘法市は大勢の人で賑わう。

松花堂弁当

いまでは全国に普及して、ちょっと豪華な弁当の代名詞となっているのが、「松花《しょうか》堂《どう》弁当」である。黒塗りの木の四角い弁当箱の中に十字形の仕切りがあり、縁の高いかぶせ蓋がある。仕切りの中に、向付、御菜、煮物、飯などを見た目も美しく盛り付ける。仕切りは十字形の四仕切りが基本だが、今では六仕切り、九仕切り、さらにもっと多い仕切りもある。

弁当といえども刺身、魚の焼き物、煮物など少量ずつだが、豪華な和食が楽しめる。一見すると幕の内弁当に似ているが、幕の内弁当は江戸時代の本膳料理を起源とするものであり、松花堂弁当は懐石料理の流れをくみ、昭和になってから生まれたもので、そのルーツはまったく異なっている。

松花堂弁当という名は、江戸時代初期に、京都八幡市にある石清水八幡宮《いわしみずはちまんぐう》の社僧であった松花堂昭乗《しょうじょう》の名前からとったものである。松花堂昭乗は、近所の農家が農作業のとき、作物の種入れに十字形に仕切った箱を使っているのを見て、これは便利だと思い、これと同様、四角い入れ物の中を十字形に仕切り、絵の具箱やたばこ盆、小物入れなどさまざまな用途につかっていたという。

江戸時代初期のこの頃、京都では公家、武士、僧侶、庶民などの間に優れた日本の芸術文化が花開いた。昭乗は書道、絵画、茶道に優れ、京都の文化発展に本阿弥光悦《ほんあみこうえつ》らとともに大きな役割を果たした。

昭乗は風雅を愛で、多くの優れた絵画や書などの作品を残し、また茶の湯では、小堀遠州を始めとする一流の茶人たちが集う茶会を開き、彼がつくった茶道具は今も珍重されている。

寛永一四年（一六三七）、昭乗は石清水八幡宮の住職を弟子に譲り、八幡宮のある男山の麓にあった宿坊の一つに松花堂という草庵を建てて住んだ。この松花堂が現在の松花堂庭園・美術館の前身である。四季折々の花や木々はその美しさを訪れるたびに堪能させてくれる。

さて、昭乗が絵の具箱にした物入れが松花堂弁当になるのは、それから数百年後の昭和になってからである。

昭和の初め、後に日本屈指の名料亭吉兆の創始者となる湯木貞一が、八幡宮を訪れた際に、昭乗が愛用していた四仕切りの箱を見てひらめいた。この物入れにひと工夫して弁当箱にしようと考えたのだ。

そこで試行錯誤のうえ、寸法などに手を加えて懐石料理を盛り付けた。これを弁当として世に広めたのが松花堂弁当の始まりである。

湯木貞一は弁当箱の中に十字の仕切りがあることで、料理の味や匂いが他の料理に移らないと気づいたのである。さらに見た目も美しい。食べる人を大切にする湯木のアイデアは大いに受けて松花堂弁当は全国の料理屋でつくられるようになっていった。

現在、吉兆は松花堂庭園・美術館を訪れる人たちに松花堂弁当を提供している。風雅な松花堂庭園を眺めながら、名料亭吉兆の松花堂弁当を味わいつくすのは、何と贅沢なことであろう。松花堂弁当は、京都の文化人・松花堂昭乗と、京都の名料理人湯木貞一の二人のコラボが生んだのであった。

第2章

ガイドブックにない不思議な穴場

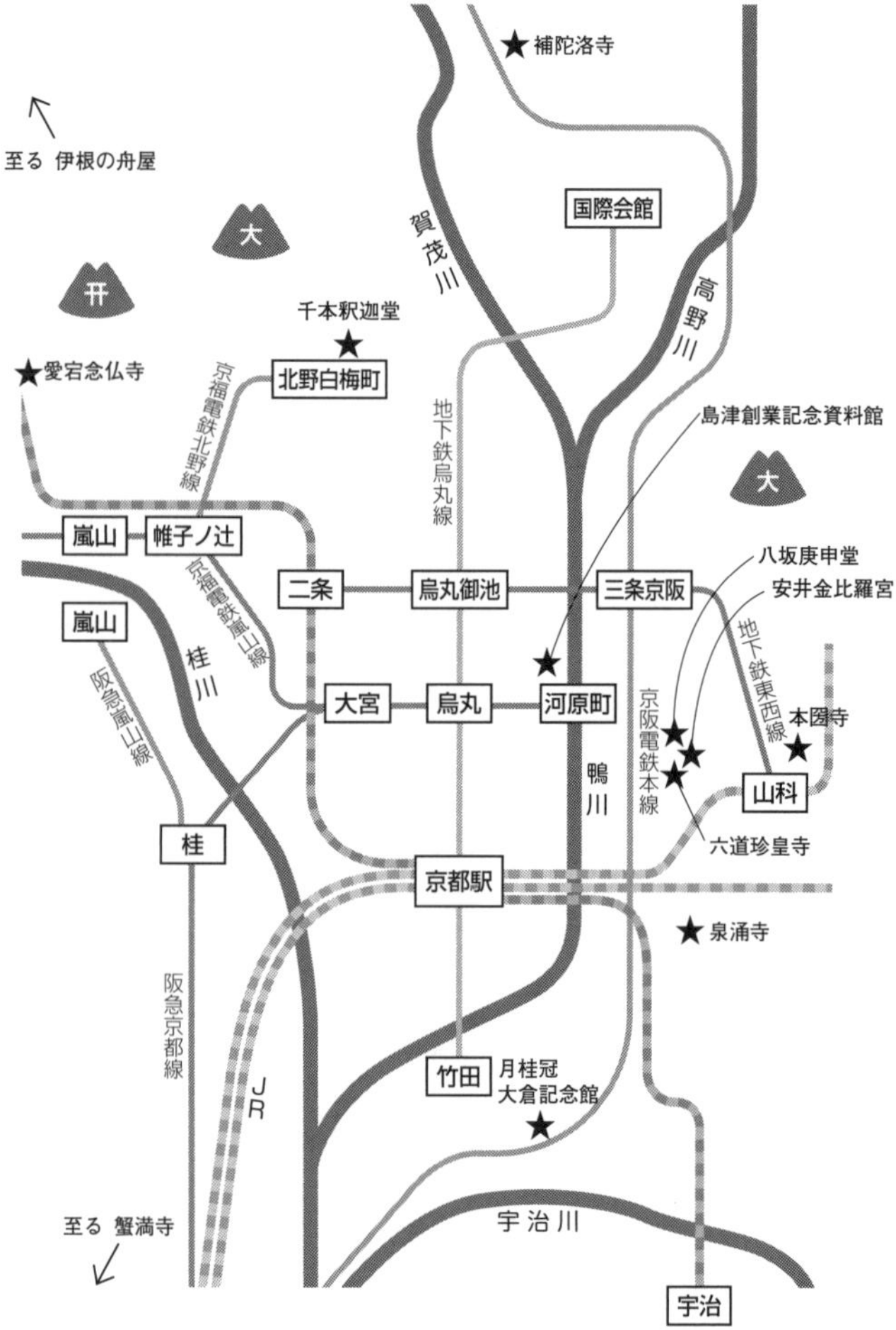

補陀洛寺
至る 伊根の舟屋
国際会館
大
開
賀茂川
高野川
千本釈迦堂
愛宕念仏寺
北野白梅町
京福電鉄北野線
地下鉄烏丸線
島津創業記念資料館
大
嵐山
帷子ノ辻
八坂庚申堂
安井金比羅宮
二条
烏丸御池
三条京阪
嵐山
京福電鉄嵐山線
地下鉄東西線
桂川
阪急嵐山線
大宮
烏丸
河原町
京阪電鉄本線
本圀寺
鴨川
山科
桂
六道珍皇寺
京都駅
泉涌寺
阪急京都線
JR
竹田
月桂冠
大倉記念館
宇治川
至る 盤満寺
宇治

愛宕念仏寺（おたぎねんぶつじ）

京都市右京区嵯峨鳥居本深谷町二―五
ＪＲ嵯峨野線「嵯峨嵐山駅」からバスで15分

千二百羅漢像とシンセサイザーが迎えてくれる寺

京都市の郊外、嵯峨野《さがの》の奥深くにある天台宗の仏教寺院が愛宕念仏寺《おたぎねんぶつじ》。愛宕山の山ろく入口にある嵯峨野巡りのスタート地点である。

称徳天皇の命により奈良時代に東山の祇園《ぎおん》近くに創建された寺で、平安時代に荒れ果てて鴨川の洪水によって廃寺同然になったのを醍醐天皇の命により復興した。だが、その後も興廃を繰り返した。

大正一一年（一九二二）に東山から現在の嵯峨野の奥深くに移管され、山深い緑の木々の中にひっそりと建つ。この寺の見所は、何といっても、境内のいたるところにつくられた一二〇〇もの羅漢《らかん》さんの石像である。

羅漢とはお釈迦さまの高位の直弟子の僧のこと。お釈迦さまが亡くなるときに立ち会った羅漢さんが五〇〇人であったことから、五百羅漢で知られているが、その一〇〇年後に、七〇〇人の羅漢さんが結集して教えを正しく広めるために勉強会を開いたという。

この念仏寺では、一九八一年に当時の住職が寺が栄えることを祈願して、一二〇〇体の羅漢さんの石像をつくって境内を埋め尽くそうと祈念し、一般の参拝者に石像を彫って奉納することを呼び掛けたという。その発願により羅漢像が境内のいたるところにつくられ、一〇年後の一九九一年についに一二〇〇体の羅漢像が完成した。

一般の参拝者が彫った石像はどれも小さいが、笑っているもの、笛を吹いているもの、ボクサーの格好のもの、猫を抱いているもの、酒を酌み交わしているものなど、姿も表情もさまざまで、一二〇〇もの石像がズラリと並んだ光景はじつに圧巻である。境内ではどこにいてもズラリ並んだ羅漢さんの姿を見ることができるが、手造りのほのぼのとした姿で、見る人の心を和ませてくれる。一度はぜひ一二〇〇もの石像を見てみたい。

ユニークなのは、この寺の現在の住職西村公栄氏は、作曲家でギタリスト、シンセサイザーの演奏までこなす。布教の一環として音楽により仏の教えを表現しているのだとか。さまざまなコンサートを行い、テレビにも出演して演奏を行い、製作したＣＤはすでに二三枚以上という。

寺の周りは京都の奥座敷といわれる渓谷の保津峡が近く、山の中で自然が美しい。

愛宕念仏寺

木陰に見えかくれする愛宕念仏寺の羅漢像

泉涌寺（せんにゅうじ）

京都市東山区泉涌寺山内町二七
ＪＲ奈良線「東福寺駅」から徒歩15分

口ひげ？がはえた楊貴妃が祀られている寺

東山三十六峰の一つ月輪山《がちりんざん》のふもとに紅葉の名所で知られる東福寺がある。その東側に泉涌寺という由緒ある寺院が鎮座する。一二一八年、月輪大師《がちりんだいし》による創建で、境内には仏殿、舎利殿、霊明殿、御座所などの立派な仏堂が建てられている。

昔から朝廷の信任が厚く、歴代天皇や上皇が深く信仰され、お墓も置かれたので「御寺」とも呼ばれている。

広い境内の一隅に「楊貴妃《ようきひ》観音堂」という立派な建物がある。何とここにはあの中国の楊貴妃の観音像が祀られているのである。

楊貴妃といえば、中国は唐代の玄宗皇帝の妃で、クレオパトラ、小野小町とともに世界三大美女に数えられている美女である。あまりに美しいので玄宗皇帝が寵愛しすぎて戦乱を起こし、殺害されてしまった。

しかし中国の楊貴妃の仏像がなぜ京都の寺にあるのだろうか？　しかもこの楊貴妃観音像には口ひげがあるという。

楊貴妃を殺害された玄宗皇帝はひどく悲しみ、等身大の大きさの座像で楊貴妃にそっくりな観音菩薩像を彫らせたという。この像はまるで楊貴妃が生き返ったようにそっくりだったという。その後、月輪大師のお弟子の湛海律師《たんかいりっし》が宋にわたったとき、宋の僧侶から他の仏像などとともにこの観音像を託され、日本に持ち帰って泉涌寺に安置した。

以後、寺では七〇〇年にわたり長らく秘宝としてきたが、昭和三〇年から一般公開されている。

宝冠の鮮やかな色は衰えず、面長でふっくらした頬、彫りが深い目鼻立ち、口元などはこのうえなく気品にあふれ、楊貴妃を連想させる美しさである。

だが、面白いことに、口元を見ると、気品あふれる顔に似つかわしくない口ひげが生えている。写真を見てほしい。じつは、これは口ひげではない。口ひげのように見えるのは、じつは慈悲を表す口の動きや説法を表現したもので、他の仏像にもあるものだという。

この楊貴妃観音は、美人祈願、結婚祈願、縁結び祈願などに御利益があるといわれ、美人で名高い楊貴妃にあやかりたいと、訪れる女性も多いという。

楊貴妃にそっくりといわれる観音菩薩

補陀洛寺（ふだらくじ）

京都市左京区静市市原町
京都バスで三条京阪行「小野寺」下車

絶世の美女・小野小町の哀れな老婆像がある

京都市の北方にある鞍馬《くらま》に行くには、叡山《えいざん》電鉄鞍馬線を利用するが、終点の鞍馬駅の三つ手前に市原駅がある。市原は鞍馬山の山中にあり、木々が生い茂るのどかな山村である。平安時代は狩猟場で盗賊が出没するようなさびしいへき地だった。

この市原駅のほど近くに補陀洛寺《ふだらくじ》という寺がひっそりとある。街道沿いの寺の入り口に「こまちでら」と彫られた石碑があるとおり、ここは絶世の美女として有名な小野小町ゆかりの寺だ。小町の供養塔や、「小町姿見の井戸」などがあるが、驚くのは、小町の晩年の像が安置されていることだ。本堂の本尊横に「小町老衰像」という札が立てられた像がある。年老いて痩せ衰え、あばら骨が浮き出た老婆が、何と絶世の美女小野小町なのだ。

小野小町は平安時代の歌人で仁明天皇に仕えた。宮中ではその美しさに多くの男に求婚されたが誰にもなびかなかった。小町には「百夜通い」という次のような逸話が残る。

深草少将が恋い焦がれて求愛したところ、「百夜通いを続けたら契りを結ぶ」と小町にいわれたので、彼が住む深草から小町が住む小野の里まで五キロの道を毎晩通い続けた。小町は、彼が毎夜運んでくる木の実で日数を数えていた。ところが九九夜まで通ったところで、大雪のため深草少将は途中で木の実を手に握りながら凍死してしまった。小町は九九個の木の実を小野の里に撒いたとも、その木を九九本植えて岩屋堂にこもり彼の霊を弔いながら九二歳で亡くなったとも伝えられる。

補陀洛寺には、小野小町の供養塔の傍に深草少将の供養塔が立てられている。

また、この寺に伝わる説によると、宮廷で華やかに暮らし、大勢の男に愛された小町だったが、天皇が崩御され深草少将にも死なれてからは、宮廷を去り諸国へ放浪の旅に出たという。晩年は落ちぶれて流浪の果てに八〇歳でこの寺にたどりついて没した。

小町の遺骸はこの地で野ざらしにされ、道端に捨てられていたしゃれこうべの目の穴からススキが生え、風が吹くたびにしゃれこうべは「ああ痛い！」と叫び続けたという。寺を訪れた恵心僧都《えしんそうず》が哀れに思い遺骸を寺に祀ってやったところ、小町はやっと成仏したという。老いさらばえた小町の像は哀れそのもの。小町は諸国を流浪していたので、青森から九州まであちこちに小町ゆかりの地が伝えられる。

補陀洛寺

この哀れな老婆像が小野小町とは

八坂庚申堂（やさかこうしんどう）

京都市東山区金園町三九〇
京都市バス「清水道」下車すぐ

なぜ境内のあちこちにカラフルな猿がくくられている？

東山の清水寺や高台寺がある一帯は、修学旅行生や外国人観光客が行き交う名所スポット。八坂の塔が見える狭い観光道路を歩いていくと、にぎやかな通りに面して八坂庚申堂がひっそりと建つ。

地元では「八坂の庚申さん」と呼ばれて親しまれているが、正式名称は「大黒山延命院金剛寺」といい、九六〇年に創建された古い寺だ。

庚申堂とは中国の道教の庚申信仰の霊場で、「庚申」とは干支の「庚《かのえ》」「申《さる》」の日のこと。道教によると、人間の体の中には三尸《さんし》という虫がいて、庚申の夜に体内から抜け出し、天帝にその人間の悪行を告げ口して寿命を縮めるという。

そこで人は庚申の夜、夜通し起きていることで虫が体内から出て行くのを防ぎ、寿命が縮まないように身をつつしんだという。

この寺の境内に入ってまずびっくりするのは、あちこちにぶら下がっているたくさんのカラフルなお守りで、境内はまるで花が咲いたよう。これは布でつくられたお守りで、手足をしばられて動けなくなった猿の姿を表している。

なぜ猿がくくられているのか。それは、欲のままに行動する猿を動けない姿にすることで、欲を我慢することの大切さを人間に教えているのだという。

人は誰でも願いを持っているが、願いをかなえるために欲望のままに暴走してしまうことがある。そんなときに心をコントロールしてくれるのが、くくり猿だそうだ。くくり猿に願いを込めて欲望を一つ我慢すると、願いごとがかなうという。

庚申の夜は一年に六回ある。この日、この寺ではこんにゃく炊きが行われる。これはこの寺の開祖が父の病気平癒にこんにゃくを炊いてご本尊さまに捧げて祈願したところ、無事に治ったことから、庚申の日にふるまわれるようになった。この寺が炊くこんにゃくは、境内のあちこちにあるくくり猿を真似た形にくりぬいてある。

くくり猿があちこちにぶら下がったカラフルで強烈な光景は、全国でもこの寺だけである。一度は見たいものだ。

八坂庚申堂

布でつくられたカラフルなお守りが境内のあちこちにぶら下がっている。
これは手足をしばられて動けなくなった猿を表している。
欲のままに行動する猿をこのような姿にすることで、欲を我慢することの大切さを教えているという。

六道珍皇寺（ろくどうちんのうじ）

京都市東山区大和大路通四条下ル四丁目小松町五九五
京都市バス「清水道」下車すぐ

死後の世界に通じる井戸がある

土産物屋やお茶屋が並び、舞妓さんが行き交う京都でもっとも華やかな祇園の近くに、六道珍皇寺という寺がある。

じつはこの寺の辺りは、いまでこそ祇園の賑わいがあるが、平安時代には鳥辺野《とりべの》という火葬場の入り口で、この世とあの世の境界で「六道の辻」といわれた。

「六道」とは仏教でいう地獄道、餓鬼道、畜生道、修羅道、人道、天道の六つのことで、人は死後はこの六道を輪廻転生するという。

六道珍皇寺はあの世への入り口である六道の辻に建つ。そのため、境内には恐ろしい形相をした閻魔《えんま》大王が祀られ、おどろおどろしい地獄図絵が飾られている。

そして面白いのが、庭の片隅にある井戸だ。人が一人入れるくらいの大きさの井戸で、いまは井戸の上にふたが置かれているが、じつはこの井戸に入ると、あの世に行くことができるという。

この寺を創建したともいわれているのが、平安時代に嵯峨天皇に仕えた官僚の小野篁《おののたかむら》。彼は小野小町の祖父に当たる。歌や書、武芸、学問、政治的手腕などに優れた役人で天皇の信頼も厚い人物だった。

だが奇行も多く、じつは昼間は宮中に仕える役人だが、夜になると、冥界に行って閻魔大王に仕えていたという。小野篁は夜になるとこの六道珍皇寺にあらわれ、庭の片隅にある井戸から冥界に通っていたという。その井戸が寺の庭の片隅にある井戸だ。

さらに近年では、冥界から戻るのに使ったという「黄泉《よみ》がえりの井戸」が境内から発見された。これであの世への入り口と出口の井戸がそろったことになる。死後の世界に行かれる井戸が興味をそそるのか、井戸を見に訪れ、熱心にのぞいていく若者が多いという。

また、寺の近くは鳥辺野という火葬場だが、死者を火葬できる者はまだいい身分の者だった。貧しい庶民は死者が出ても火葬する余裕すらなかった。

鳥辺野は清水寺が建つ音羽山《おとわやま》の麓で、ここは火葬すらできない者が、山の上から死体を投げ捨てる場所でもあったという。

現在は毎年八月に行われる六道まつりが有名で、一〇万人もの人が訪れて賑わっている。

六道珍皇寺

寺の庭の片隅に、小野篁が夜ごとに冥界に通っていたという井戸がある。小野篁は優れた官僚で小野小町の祖父である。

千本釈迦堂（せんぼんしゃかどう）

京都市上京区今出川通七本松上ル溝前町
京都市バス「上七軒」下車すぐ

なぜおかめの像が境内にあるの？

千本釈迦堂は千本通と七本松通近くに建つ真言宗の寺である。正式名称は大報恩寺といい、承久三年（一二二一）に僧の義空によって創建されたという。本堂は草葺きのお堂だったが、尼崎の材木商の寄進によって木造の本堂が安貞元年（一二二七）に完成した。

京都の寺は一四六七〜七七年の一〇年間も続いた応仁の乱によって、多くが焼失したが、この寺は東西両軍から保護を受けて戦火をまぬがれることができた。そのため本堂は京都市内では最古の本堂で国宝に指定されている。

境内に入ると本堂の前に女性のブロンズ像が建っているのが目につく。ぷっくりとした頬には小さなエクボ、下がり目におちょぼ口が、何ともいえず優しい表情の女性の座像である。日本に古くから伝わり、狂言や神楽で演じる女性のお面に「おかめ」があるが、そのおかめのお面にそっくりで、見ていると心が癒される。

この寺のご本尊は、もちろんお釈迦さまであり、本堂にお祀りしているのは木造釈迦如来像で重要文化財である。ではなぜ境内に神楽のおかめの像があるのだろうか。

じつはこの寺は「おかめ伝説」で知られる。

寺の本堂を建立するとき、大工の棟梁を務めた飛騨守長井高次が、四本柱のうちの一本を誤って短く切ってしまった。一本だけ短くてはバランスが取れず柱の役に立たない。しかもこの柱は信徒から寄進された大事なもの。高次の失敗は許されるものではなかった。

困り果てている高次を見て、妻のおかめが「短い一本に合わせて他の三本も切り、柱の上に枡組み（社寺建築で構造を支える部材）を乗せればいい」と助言した。高次は妻の言う通りにして無事に本堂を建てることができた。

しかし上棟式が近づくと、女の知恵で夫が失敗を隠して大任を果たしたことが世間に知られては夫の名誉に傷がつくと考え、おかめは上棟式を待たずに自害したという。

夫の難を助けるため自分が犠牲になったおかめの話は良妻のかがみだとして、江戸時代にある大工がおかめ塚と呼ばれる石塔を建てて供養した。その後、寺の創建七五〇年記念として一九七九年におかめ像が建立された。本堂には、おかめのお面や人形がたくさん置かれていて楽しい。建築、土木関係者や夫婦円満を祈願する人に人気で参拝客が絶えない。

千本釈迦堂

夫の難を助けるため自分が犠牲になった「おかめ」の話は良妻のかがみとされて、江戸時代におかめ塚が建てられた。この優しい表情のおかめ像は1979年に寺の創建750年記念に建立された。

本圀寺（ほんこくじ）

京都市山科区御陵大岩六
市営地下鉄「御陵駅」から徒歩15分

最後の足利将軍が御所とした寺がなぜ金ぴかなの？

京都の東、山科《やましな》区御陵《みささぎ》は天智天皇陵があることで知られる。その山科陵の近くに建つ大きな寺が日蓮宗の大本山本圀寺だ。

この寺は日蓮上人が建長五年（一二五三）に鎌倉に建てた法華堂を起源とする。光厳天皇の命により貞和元年（一三四五）、京都の六条堀川に移った。足利将軍の援助を受けて発展し、広大な敷地を持つ寺となった。

足利幕府最後の将軍・足利義昭《よしあき》がこの寺を居所にしたので、「六条御所」と呼ばれたこともある。しかし、三好家の一族に襲撃されて義昭は殺害されそうになる。本圀寺の変といい、これによって本圀寺は壊された。

その後、豊臣秀吉により再興されたが、焼き討ちにあい、再び秀吉の姉、そして加藤清正らにより復興されたが、天明八年（一七八八）の天明の大火で寺のほとんどが焼失。その後、復興もされたが、往時の壮大な寺を取り戻すことはできなかった。

時代は下って昭和四五年（一九七〇）、山科の地に遷された。そのときの貫主が、衰退と復興を繰り返した寺が、今後は栄えることを願い、境内のあちこちに金箔を貼り、開運の御利益を祈願する。

まず寺に入ると、目につくのは中門。黄金の仁王像と屋根の上には黄金のしゃちほこ。本堂前の燈籠も本堂内の柱も金ぴか。

さらに秀吉の姉が寄進したという大梵鐘も金箔が貼られている。本堂前の龍神の像も金ぴか。本堂背後にある加藤清正廟の鳥居も金ぴか。

境内のいたるところに金箔が貼られて、きらびやかそのもの。京都では珍しい金ぴかの寺だ。

そのため、財運、勝運、開運に御利益があるといわれている。山門は加藤清正が寄進したもので、この門をくぐると人生が開けるといわれ、開運門と呼ばれている。

珍しいきらびやかな寺を訪れて開運を祈願するのもいい。

安井金比羅宮（やすいこんぴらぐう）

京都市東山区東大路松原上ル下弁天町七〇
京都市営バス「東山安井」下車すぐ

縁切り寺でお札を貼った碑《いし》の穴をくぐる

京都祇園にある八坂神社や建仁寺《けんにんじ》の近く、東大路松原に安井金比羅宮がある。「縁切り寺」として知られ、全国からさまざまな悪縁を切りたいという悩みを抱えた人が訪れる。

境内に入ると本殿の横にある異様な形の大きな巨石に驚く。

石といってもまわりに膨大な数の白いお札が貼られていて、中央に人がひとりかがんでやっと通れるくらいの穴が開いているもので、まるでお札が積もった山のようだ。

これが縁切り縁結び碑《いし》で、高さ一・五メートル、幅三メートルの絵馬の形をした巨石。石のまわりに「○○クンと別れられるように」「お酒を断てるように」「夫と浮気相手の縁を切ってください」などの悪縁を切る願いが書かれた形代《かたしろ》（身代わりのお札）がびっしり。

形代のお札に切りたい縁、結びたい縁などの願いごとを書き、それを持って願い事を念じながら碑の表側から穴をくぐり抜けると悪縁を切り、次に裏から表へくぐると良縁を結ぶという。最後にお札を碑に貼り付ける。

山のようにお札が貼られており、碑のまわりには二〇〜三〇代の若い女性が圧倒的に多いという。だが縁切りだけでなく、病気、酒、タバコ、ギャンブルなどあらゆる悪い縁を切って良縁に結ばれる御利益があるという。

この宮は天智天皇の時代に藤原鎌足が堂を創建して藤の花を植え、藤寺としたのが始まりという古い神社。藤の花の名所でもあり、現在も境内には藤棚があり見事な花を咲かす。

平安時代の崇徳《すとく》天皇が藤の花を好まれてここにお堂をつくり寵愛する阿波内侍《あわないし》を住まわせた。崇徳天皇は六章でくわしく述べるが、保元の乱で弟の後白河天皇と争って敗れ、讃《さ》岐《ぬき》に配流になり恨みを抱いて没した。死後は悪霊となって京都に天変地異や飢饉、疫病などを起こしたとされる。そこで、この神社は崇徳天皇を主祭神としてお祀りしている。

崇徳天皇は讃岐の金比羅宮でいっさいの欲を断ち切ってお籠りされたことから、この神社では古来より悪縁を断つ祈願所として信仰されてきた。

また境内には、古くなったり、傷んだ櫛《くし》やかんざしを供養する櫛塚があり、毎年九月に櫛祭が行われ使った櫛やかんざしに感謝する。古代から現代に至る髪型と衣装を着た時代風俗の行列が祇園界隈を練り歩くのだが、その様子はじつに華やかである。

安井金比羅宮

本殿の横にある異様な形の巨石。
これが縁切り縁結び碑で、まわりに驚くほどの数のお札が貼られている。
中央には人がひとりやっとくぐれるような穴が開いている。

島津創業記念資料館

京都市中京区木屋町通二条下ル
京都市営バス「京都市役所前」下車

社員のノーベル賞受賞で注目された

京都市の中央にある京都市役所や京都ホテルオークラの近く、木屋町《きやまち》通二条に、全国でも珍しい企業がつくったミュージアムがある。和風の町家風建築で木造二階建ての博物館は、いかにも京都らしい。

この和の情緒たっぷりの建物が、じつは日本の近代科学技術の素晴らしさと、科学の面白さをたっぷり味あわせてくれるミュージアムなのだ。科学技術の博物館といっても、こむずかしい展示ではない。

子どもから大人までが楽しめるユニークで愉快な器械や発明品ばかりが六〇〇〇点も展示されていて、興味しんしんで時間がたつのも忘れて館内を回ることができる。

このミュージアムは五章でも取り上げた、精密機器、医療機器、航空機器などの製造を行っている島津製作所が創業一〇〇周年の一九七五年に開設した。町家風の建物は、創業者の島津源蔵《げんぞう》が住まいにし、約四五年間本店としていた家で、いわば島津製作所の源流である。しかも歴史情緒あふれる和風の建物は、国の登録有形文化財に指定されている。

島津製作所の初代創業者である島津源蔵は、江戸時代末期の一八三九年に仏具商の家に生まれ、仏具店を引き継いでいたが、明治時代になると、科学技術に興味を抱き、理化学研究所に出入りして勉強。日本の近代化には理化学が必要だと痛感し、理化学器械製造工場を一八七五年に創業した。

源蔵は気球、顕微鏡などさまざまな器械を発明し、人々を驚かせた。その子二代目源蔵も父に劣らない発明家となり、X線装置、蓄電池、人体解剖模型など百数十を超す器械を発明し「日本のエジソン」といわれた。

二〇〇二年、島津製作所の社員である田中耕一氏がノーベル化学賞を受賞。この島津資料館にも田中氏の研究とノーベル賞受賞時の様子などが展示されている。現役サラリーマンがノーベル賞を受賞したのは日本初の快挙。そのため、島津資料館を訪れる観光客や中高校生の団体の数は一気に五倍以上に増え、京都の新名所として注目された。

科学や化学は、じつはとても面白いのだと感じることができるミュージアムだ。

島津創業記念資料館

和の情緒たっぷりの島津創業記念資料館。
島津製作所の社員である田中耕一氏がノーベル化学賞を受賞して以来、ここを訪れる観光客等は一気に五倍以上に増えたという。

月桂冠大倉記念館（げっけいかんおおくらきねんかん）

京都市伏見区南浜町二四七
京阪本線「中書島駅」から徒歩5分

日本酒の歴史を知り、きき酒ができる

京都の南郊外にある伏見《ふしみ》といえば酒造り。神戸の灘《なだ》と並ぶ酒蔵の街として知られ、白壁土蔵の趣ある町屋の蔵が建ち並ぶ。

伏見の酒造りは古く、稲作が伝わった弥生時代からといわれる。酒造りには良質の水が欠かせない。伏見は桂川、宇治川、鴨川の三つの川が流れ、また質の高い伏流水が豊富な地。桃山丘陵の下の水脈は清冽な湧水となって湧き出ている。伏見の酒造りは豊臣秀吉が伏見城を建立した安土桃山時代に花開いた。

江戸時代には酒造家が増えて酒蔵の地として基盤が形成され、明治期には全国に天下の酒どころとしてその名をとどろかせ、今に至っている。

月桂冠大倉記念館は酒造会社月桂冠が、伏見の酒造り、日本酒の歴史と文化を紹介するために、月桂冠の発祥の地に建つ酒蔵を改築して昭和六二年（一九八七）に開設した酒の

博物館だ。

月桂冠は江戸時代の寛永一四年に初代大倉治右衛門が伏見で創業したのが始まり。大倉記念館になっている酒蔵は明治四二年（一九〇九）に建築された白壁土蔵のレトロな酒蔵で、その建物も歴史の重みを感じさせる。

記念館では市の民俗文化財に指定された酒造道具類約四〇〇点が展示されているほか、広い中庭には大きな酒樽が展示され、杜氏や蔵人が働き生活する会所場もあり興味深い。隣接する内蔵酒造場では、実際の酒造りも見学できる。日本酒好きにはたまらない魅力たっぷりの博物館だ。

見学後はロビーで月桂冠の吟醸酒や大吟醸をきき酒できるのも人気の的。入館料も六〇〇円と低価格なのが評判だ。

また、記念館裏の濠川では、江戸時代に活躍した輸送船の十石舟《じゅっこくぶね》を再現した屋形舟に乗ることができる。近辺の酒蔵と水辺の美しい約一時間のコースを舟に乗って楽しむ。

桜や紅葉のシーズンは、舟上で月桂冠を味わいながら伏見の美しい景観を満喫するのもサイコーの気分だ。

月桂冠大倉記念館

日本酒の歴史と文化を紹介するために造られた酒の博物館。月桂冠の発祥の地に建つ酒蔵を改築して開設された趣のある一画です。

蟹満寺（かにまんじ）

京都府木津川市山城町綺田三六
JR奈良線「棚倉駅」から徒歩15分

境内のあちこちにカニがあるのはなぜ？

京都市の南、奈良県に近い木津川《きづがわ》市に蟹満寺《かにまんじ》という一風変わった名前の寺がある。この寺には、本堂などのあちこちにカニの模様の彫刻やカニの像が飾られている。さい銭箱やお守り、燈籠にもカニが描かれている。

また、毎年四月にはカニ料理店や水産業者らが集まって、毛ガニやタラバガニを奉納し、サワガニを手水鉢《ちょうずばち》に放流してカニに感謝するカニ供養が行われる。カニ供養を行う寺は全国でも珍しい。カニは水陸両生で、脱皮して成長することから古来より霊性がある生き物として信仰されていたという。

蟹満寺のいわれは、今昔物語に創建の縁起として登場する。

今は昔、山城の国に観音菩薩を信仰する慈悲深い娘が住んでいた。あるとき、カニを捕まえて食べようとする者からカニを買い取って救ってやった。後日、娘の父親はヘビがカエルを食べようとしているのを見てカエルを救うために、カエルを放してやれば娘と結婚させると約束してしまった。そこでヘビはカエルを放してやり、娘に求婚しにやってきた。

そのとき、かつて娘に助けられたカニがたくさんの小さなサワガニをつれてあらわれ、ヘビと格闘して倒し、娘を助けて恩返しをした。そこで娘の一家はその地にお堂を建てて死んだヘビとたくさんのカニを祀って供養したという。このお堂が蟹満寺の始まりという。

この蟹の恩返し伝承が伝わるので、本堂の脇には、ハサミを突き出したカニが体をうねらせた大蛇と格闘している姿を描いた大きな額が飾られて人目をひいている。

このカニの恩返しの伝承が伝わるが、実際には、創建のくわしい由来や年代はわかっていない。ただし創建は古く七世紀の飛鳥時代で、渡来系の秦《はた》氏が創建したのではないかとの説もある。寺のある地名は、かばたというが、古くは「カムハタ」「カニハタ」といい、「紙幡寺」といっていたのがなまって「蟹満寺」となったという説もある。

カニだらけの本堂だが、御本尊には金銅仏釈迦如来像を祀っていて、これは七世紀半ばころに作られた貴重な仏像で、国宝に指定されている。カニの彫刻や絵だけでなく、歴史ある金銅仏釈迦如来像も見どころの一つである。

伊根の舟屋

京都府与謝郡伊根町
北近畿タンゴ鉄道「天橋立駅」から路線バスで1時間

海岸ぎりぎりに舟と人が同居する

京都府のなかでも日本海に面し豊かな自然を残す丹後《たんご》半島の伊根《いね》町。伊根町には、伊根湾を取り囲むように建ち並ぶ「伊根の舟屋《ふなや》」と呼ばれる独特の町並みがある。

舟屋とは一階が舟を海から直接引き入れて収納する舟のガレージ、二階が人の住居になっている伝統的な建物で、江戸時代半ばから存在している。

海辺ぎりぎりに二三〇軒あまりが建ち並ぶ景観は、全国でも伊根町にしかないたいへん貴重な町並みだ。漁村では全国で初めて国の重要伝統的建造物群保存地区に選ばれている。

舟屋は海面すれすれに建てられている。日本海にありながら、伊根湾が南向きで湾の入り口に自然の防波堤のように青島が浮かび、波がひじょうに穏やかであるから、このような家の建築ができたという。

舟屋から見る日本海の景観、また逆に海から見る舟屋が建ち並ぶ景観が美しく、観光客

伊根の舟屋

海面すれすれに建てられた独特の町並み。
海側から望む舟屋のたたずまいは何とも風情がある。
漁村では初めて国の重要伝統的建造物群保存地区に選ばれた。

が訪れる。テレビドラマの『釣りバカ日誌』や映画の『男はつらいよ　寅次郎あじさいの恋』のロケ地となったことでも知られる。

かつて伊根町には道がなく、海が生活のための道であった。人々は舟で海上を行き来して、そのまま舟を住まいに引き入れて暮らしていた。

舟屋はいまは民宿も経営しているので、海上タクシーで伊根湾を遊覧した後、そのまま海から舟屋に入り、食事をしたり、宿で釣りを楽しんだりの舟屋体験もできる。

伊根町のある丹後半島は、豊かな自然に恵まれ、近くには日本三景の一つで風光明媚な天橋立《あまのはしだて》もある。夕日ヶ浦から眺める日本海の夕日は絶景である。

京都のおいしいもの

千枚漬け

しっとりときめ細やかな白いカブに緑鮮やかな壬生菜と昆布が添えられた、見た目も美しく上品な京都を代表する漬物である。

京都名産の聖護院カブを薄く切って塩漬けにして余分な水分を取り除き、その後良質な昆布だけで本漬けを行う。乳酸発酵させることなく、カブ本来の甘みと昆布の旨みを引き出し、バランスよい風味に仕上げたカブの浅漬けで、京都土産としても人気が高い。

聖護院カブは一般的なカブよりも大きくて太い球形をしており、同じような京野菜に聖護院大根があるが、千枚漬けは聖護院カブでつくる。聖護院カブを薄く切って一つの樽に漬けこむ枚数が千枚であったことから、「千枚漬け」と呼ばれるようになったとも、一つのカブを千枚と思えるほど薄く切ってつくるためだともいわれる。

千枚漬けは、いまから百数十年前の江戸時代末期、幕末動乱に揺れる京都の宮中で生まれた。

当時、孝明天皇の宮中大膳寮に仕えていた大藤藤三郎は、幕末の不穏な世に心を痛める天皇をお慰めしようと、日夜、天皇の嗜好に合う漬物を考案していた。

彼が考案したのが、聖護院カブを薄く削ぎ、丸いまま扇状に塩漬けした千枚漬けである。器に盛るときは白いカブに緑の壬生菜、黒い昆布を見栄えよく添える。

白いカブで京都御所の白砂を。

緑の壬生菜で庭の松を。

黒い昆布で庭石を。

千枚漬けで京都御所の瑞兆を表現したのである。このアイデアは天皇からたいへんなお褒めを賜った。それまで、漬物といえば、食糧が不足したときのための保存食とされていた時代で、醤油漬けや糠漬けのくすんだ色のものが多かった。だが、藤三郎のつくった千枚漬けは色鮮やかではんなりと繊細な味わいで、天皇はもとより、京の都人たちの絶賛を浴びたという。

その後、宮中勤めを退き、「大藤」という屋号の店を出して千枚漬けを売り出した。大きな丸いカブを御所仕込みのワザで薄く削ぎ切り漬けこんでゆく店頭の風景は、都の人たちの人気となり、人だかりができるほどだったという。また新鮮な漬物の味は京の町衆にも一気に広まった。他の漬物屋もこぞって作り始めたため、千枚漬けは京の代表的な漬物になっていく。

明治二三年には、京都で開かれた全国博覧会で全国名物番付に入選し、京都大藤の千枚漬けは一気に全国にも広まった。

漬物屋「大藤」は、現在も京都市麩屋町四条上ルにのれんを出し、創業時のつくり方をかたくなに守って営業を続けている。

第3章

新島八重や山本覚馬が活躍！幕末から明治の京都

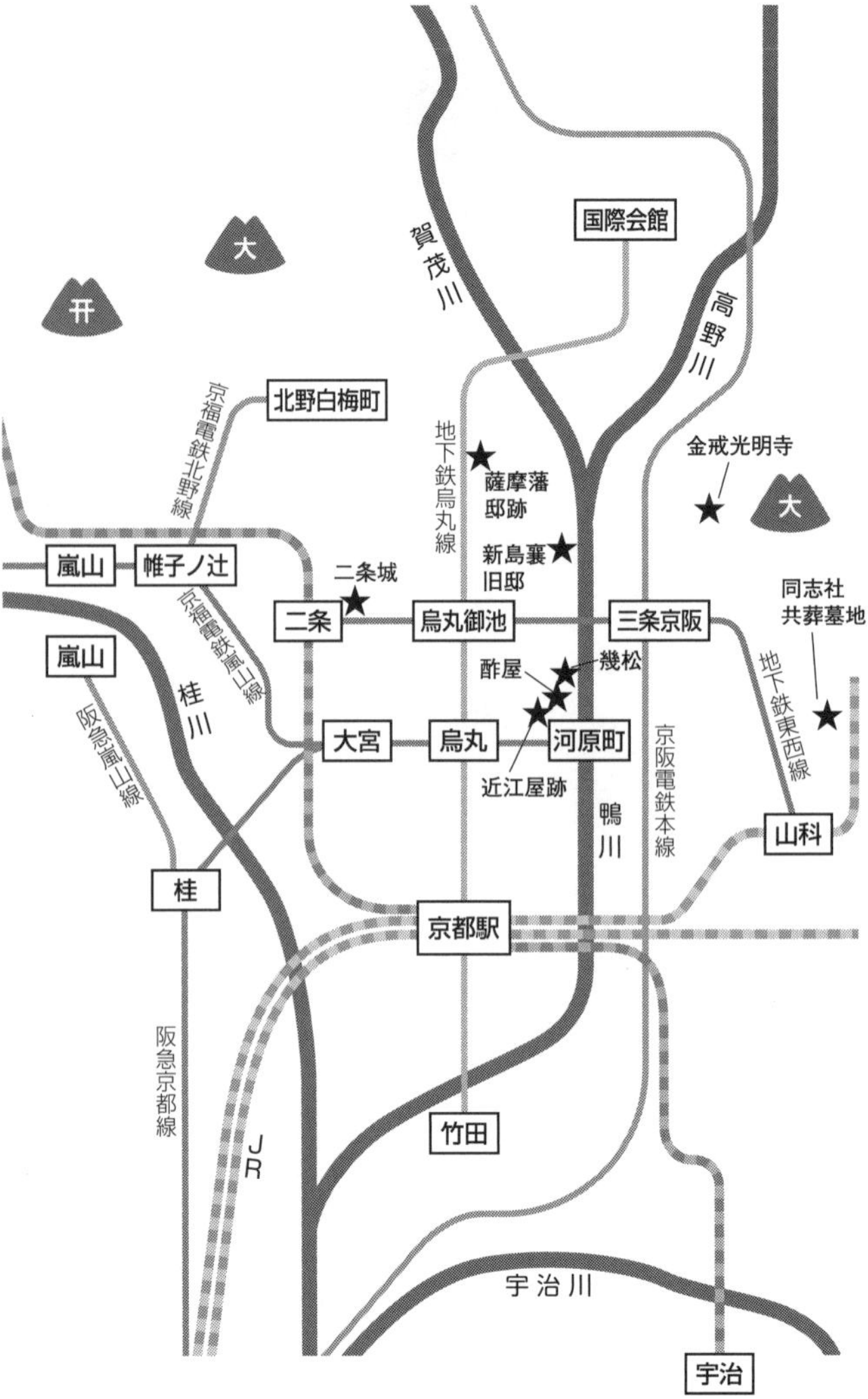

国際会館
賀茂川
高野川
北野白梅町
京福電鉄北野線
地下鉄烏丸線
薩摩藩邸跡
金戒光明寺
大
大
新島襄旧邸
嵐山
帷子ノ辻
二条城
二条
烏丸御池
三条京阪
同志社共葬墓地
嵐山
京福電鉄嵐山線
酢屋
幾松
桂川
阪急嵐山線
大宮
烏丸
河原町
近江屋跡
地下鉄東西線
鴨川
京阪電鉄本線
山科
桂
京都駅
阪急京都線
JR
竹田
宇治川
宇治

【会津藩士と徳川幕府のたどった道】

幕末の京都は尊王攘夷派、倒幕派、佐幕派の志士たちが終結して一触即発の状態にあった。井伊直弼《いいなおすけ》が桜田門外の変で暗殺されると、京都では過激な尊王攘夷派による幕府側への報復の殺戮が相次いだ。困り果てた徳川幕府は朝廷の監視と京都の治安維持のために京都守護職を設け、会津藩主・松平容保《かたもり》にその任務を任命した。

その後、松平容保と会津藩士は、徳川幕府とともに過酷な運命をたどることになる。その中には、会津藩士の山本覚馬《かくま》とその妹の八重もいた。山本覚馬は徳川幕府側の藩士として、幕末の京都で倒幕派の長州・薩摩藩と戦い活躍した。八重は会津でスペンサー銃を駆使して敵の官軍を倒し城を守った。

しかし、新政府軍に敗れ会津藩は降伏。覚馬は京都で捕えられて牢屋に入り、八重は母や兄嫁・姪とともに米沢に移った後、京都で覚馬に再会。新しい人生を歩み始める。

戊辰《ぼしん》戦争で、はからずも悲劇の敗者となった会津藩士と覚馬と八重の、京都での足跡をたどってみよう。

金戒光明寺（こんかいこうみょうじ）

京都市左京区黒谷町一二一
市営バス「岡崎道」下車徒歩10分

なぜ会津藩士のお墓があるのか？

左京区の東山のふもとに吉田山と黒谷《くろだに》という二つの丘がある。黒谷には約四万坪という広大な敷地を持つ金戒光明寺と、紅葉の名所で知られる真如堂《しんにょどう》が建つ。

金戒光明寺は鎌倉時代に法然《ほうねん》が開山したといわれ、昔から京都の人には「黒谷さん」と呼ばれて親しまれてきた。

じつはこの寺の境内には会津藩殉難者墓地があり、会津藩士三五〇余名ものお墓がある。なぜこの寺に会津藩士のお墓があるのか？　幕末の一八六二年、テロが相次ぐ物騒な京都の治安を守るために京都守護職が置かれ、会津藩主・松平容保が任命されて京都に上洛し、この寺を五年間にわたり京都守護職の本陣としたのだ。

松平容保は一四代将軍の徳川家茂《いえもち》から京都守護職を任命されたとき、何度も固辞した。藩の財政は苦しく、京都の守護職を務めるゆとりはなく、受ければ藩が衰退することは目に見えていた。しかも京都は殺戮が相次ぎ危険きわまりない。

しかし再三の説得と「徳川幕府に忠義を尽くす」という家訓によって拝命した。

家老たちは京都に行くことを「薪《まき》を背負って火を防ぐようなもの」と言って反対したが、容保の決意はくずせなかった。

一八六二年、京都に着いた一〇〇〇名の藩士たちは、それぞれの藩邸が出来上がるまで金戒光明寺で暮らした。

ではなぜこの寺が本陣に選ばれたのか？

じつはこの寺は、徳川家康が緊急の場合に備えて城塞の構えにつくりかえていたからだ。寺の本堂は小高い丘の上にあり、大軍が攻め込んでこられないように城門がつくられていた。

寺といえども城塞のつくりで、本陣にふさわしい構えだったのだ。さらに境内は広大で一〇〇〇名の藩士が駐屯できる五〇以上の宿坊があったからだ。

ここを本陣とした藩士たちは動乱の京都を取り締まり、一八六八年の鳥羽伏見《とばふしみ》の戦いで活躍。山本覚馬もこの黒谷で暮らし、洋式兵術を藩士たちに教えていた。

しかし鳥羽伏見の戦いで会津藩は敗れ、藩士は三五〇余名が亡くなり、この本陣の中に葬られたのである。

なお新撰組がまだ壬生浪士《みぶろうし》組と名のっていたときのこと。容保と近藤勇がこの寺で初めて会見し、壬生浪士組が守護職の配下になることを決め、容保から「新撰組」の名をもらったという、そこでこの寺は「新撰組発祥の地」ともいわれている。

現在は黒谷の丘に堂々たる三門がそびえる。幕末藩士ゆかりの寺めぐりといったら、ここは欠かせず、人気スポットとなっている。

二条城（にじょうじょう）

京都市中京区二条通堀川西入二条城町五四一
市営バス「二条城前」下車

徳川幕府の誕生と最期の舞台となった城

二条城は、現在京都市のほぼ中央、中京区二条通堀川にある平城で、桜と紅葉の名所で観光スポットとしても人気が高い。

徳川将軍家の誕生と最期の舞台となった城である。

慶長八年（一六〇三）、徳川家康が上洛時の宿所として二条城をつくり、征夷大将軍の宣旨を受けて入城した。徳川幕府の誕生である。一六一一年には家康と豊臣秀吉の息子・秀頼との会見がここで行われ、それが豊臣家滅亡の大坂の陣に結びついたことで知られる。

その後は三代将軍家光によって改修され、一六二六年に完成。家光の上洛を最後に、歴代将軍が二条城に入ることはなかったが、皇女和宮《かずのみや》を娶った一四代将軍の家茂《いえもち》が、義理の兄となった孝明天皇に会うために二三〇年ぶりに上洛して入城した。

以後は再び表舞台に登場するが、大政奉還によって徳川幕府の終焉の舞台となった。

●二条城二の丸御殿

二条城には見どころがたくさんあるが、まずは、大政奉還の舞台となった二条城二の丸御殿を見よう。二の丸御殿には部屋数三三もあり、式台の間、黒書院、白書院、大広間などの六つの棟が並ぶ。華やかな桃山様式の書院造りの代表例といわれ、国宝に指定されている。

豪華絢爛たる欄間《らんま》彫刻がいたるところにあり、狩野探幽の襖《ふすま》絵や、華やかな天井の絵が徳川家の最盛期の権勢を物語る。最も格式の高い部屋が大広間で、一八六七年、最後の将軍・徳川慶喜《よしのぶ》が諸大名をここに集めて大政奉還を発表した。

●二条城二の丸庭園

二条城築城の際に城にふさわしい庭園をつくろうと、家康が小堀遠州《こぼりえんしゅう》に命じてつくらせた広大な庭。書院造り庭園で神仙蓬莱《しんせんほうらい》の世界を表現しているといわれる。大きな池の中には三つの島と四つの橋がかかり、天皇が行幸されるときは、中央に御亭が建てられたという。家光と吉宗の時代に一部改修された。

幕末の慶喜の時代には池が枯渇して荒廃していたというが、大政奉還後は宮内省の管轄

二条城二の丸御殿

二条城二の丸御殿は華やかな桃山様式の書院造りの代表例といわれている。

になり見事に復活し、現在は美しい池泉回遊式《ちせんかいゆう》庭園の代表となって、国の特別名勝の指定を受けている。

●二条城本丸御殿

約五二〇〇坪の広大な本丸に建てられた豪華絢爛たる御殿で、二の丸御殿に匹敵する規模を誇った。五層の天守閣がそびえていたが、寛延三年（一七五〇）の落雷で焼失し、天明八年（一七八八）の大火で殿舎も焼失。

その後、最後の将軍となった慶喜のために住居として本丸内に建てられたが、老朽化のため明治一四年に撤去された。

現在の本丸御殿は、京都御所の御苑内にあった旧桂宮邸の御殿を明治二六～二七年にかけて本丸内に移築したもの。

この旧桂宮邸の御殿は皇女和宮が家茂に嫁ぐ前、一年八か月にわたり住んだ建物で、孝明天皇も仮皇居に使用された由緒ある建物である。

庭園も明治天皇が改造を命じてつくらせたので、現在は見事な築山式庭園で見ごたえがある。

二本松薩摩藩邸跡（にほんまつさつまはんていあと）

京都市上京区烏丸通今出川上ル
市営バス「烏丸今出川」下車

覚馬が幽閉された屋敷のその後は？

打倒徳川幕府をかかげる薩摩藩は、現在の京都の繁華街にある大丸百貨店近くの錦小路《にしきこうじ》と伏見に藩邸を持っていたが、三つ目の藩邸として今出川通《いまでがわどおり》の二本松にも薩摩藩邸を建てた。

一八六四年の禁門の変で錦小路の薩摩藩邸は焼失してしまったので、それ以後は二本松薩摩藩邸が薩摩藩の本拠地となった。

一八六六年、坂本龍馬の働きによって長州藩との間に薩長同盟が結ばれたのもこの薩摩藩邸であった。

鳥羽伏見の戦いで幕府軍が敗れると、会津藩士の山本覚馬は捕えられてこの薩摩藩邸に幽閉された。しかし、薩摩藩は山本覚馬の優秀さを知っていたので、決して粗末に扱わなかった。

幽閉中に覚馬はこの藩邸で、新政府に宛てて『管見』という政治、経済、教育に関する建白書を書き薩摩藩主に提出。これを読んで覚馬の優れた先見性に、西郷隆盛はますます敬服したという。

そこで明治元年に幽閉を解いて病院に移し、翌年覚馬を釈放しただけでなく、維新後はこの藩邸を覚馬に譲ったのである。

その後、新島襄《にいじまじょう》がキリスト教の学校をつくろうとしていることを知り、約五〇〇〇坪の広大なこの旧薩摩藩邸を彼に提供した。

それによって新島襄は明治八年（一八七五）に同志社英学校を設立することができたのであった。これが現在の同志社大学今出川キャンパスである。

つまり同志社大学はかつては薩摩藩邸で、山本覚馬が幽閉されていた場所であったのだ。「同志社」と命名したのも山本覚馬で、文字通り「志を同じくする者の結社」という意味である。

新島襄はまだ鎖国をしていた江戸期の一八六四年に国禁を犯してアメリカに渡り、アメリカンボードというキリスト教の伝道組織の役員であるハーディー夫妻の援助でボストンのフィリップス・アカデミーに入学。

その後も大学で学び一八七五年四月に帰国、山本覚馬と知り合った。そしてこの年の一一月には早くも同志社英学校を開校するのである。

覚馬の妹八重とは同年一〇月に婚約し、翌一八七六年一月に結婚している。もちろん八重も夫の同志社英学校設立に尽力した。

現在、同志社大学の西門前には、薩摩藩邸跡の碑と説明書きの札が建てられている。同志社大学を設立したのは新島襄であるが、山本覚馬の助けと藩邸の提供がなければ現在の同志社はなかったかもしれない。

同志社共葬墓地（どうししゃきょうそうぼち）

京都市左京区鹿ケ谷若王子山町
市営バス「東天王町」下車徒歩30分

若王子山の山頂に眠る同志社ゆかりの人々

新島襄は、同志社英学校を正式な大学にするために奔走していたが、重い心臓病になり、明治二三年（一八九〇）一月二三日に八重に看取られながら神奈川県の大磯で亡くなった。四六歳であった。

彼の遺体は京都に運ばれ、最初は襄の父親が眠る南禅寺の墓所に埋葬されるはずであった。だが、葬儀の段階になって、南禅寺が彼がキリスト教徒であるために反対したのでそれができず、南禅寺の裏側の若王子山にある京都市の共同墓地に埋葬されることになった。

彼の葬儀は同志社のチャペルで生徒三〇〇〇名によって行われ、棺は南禅寺からさらに北上して若王字山の頂に運ばれて埋葬された。

その二年後には山本覚馬も後を追うように亡くなり、キリスト教徒になっていた覚馬も襄の傍らに埋葬された。

以後は、新島八重はじめ新島家、山本家の人々や同志社の関係者、外国人教師などが次々に埋葬された。八重の死後は墓地の管理権を同志社が所有し、同志社ゆかりの共葬墓地になった。

新島八重のお墓も襄の傍らに建つ。山本覚馬、八重の両親や弟の三郎、覚馬の娘もここに眠る。

同志社大学では、現在、創立記念日、創立者永眠日にはここで祈祷会を行っている。

新島襄旧邸（にいじまじょうきゅうてい）

京都市上京区寺町通丸太町上ル
市営地下鉄「丸太町駅」下車徒歩約10分

和と洋の良さが融合した名建築

京都御所の東側、寺町通丸太町に、新島襄と八重の私邸が現在も残されている。襄と八重が結婚した二年後の一八七八年に建てられた新婚夫婦のスイートホームである。

アメリカ暮らしが長かった襄らしく、洋風のモダンな建築に和風の建築様式も取り入れた和洋折衷の木造二階建て。

瓦屋根の和風の門は見事な美しさで京都市指定有形文化財に指定されている。室内には当時使っていたオルガンや家具がそのまま置かれている。

台所は明治時代の京都では土間がふつうだったが、土間を用いず床板に流しを置くという洋風を取り入れている。

またトイレも和に洋を取り入れた腰かけ式のトイレで当時では珍しい。

二階には寝室があり、現在は和室が一室あるが、当時はすべて板敷きだったという。

新島襄旧邸

驚くのは、暖房がセントラルヒーティングになっていること。明治時代の屋敷としては、ひじょうに画期的で近代的である。

現在は学校法人同志社の管理で一般公開されている。

【土佐藩・長州藩・薩摩藩のたどった道】

風雲急を告げる幕末の京都には、尊王攘夷の志士たちが続々と集まり、佐幕派や新撰組隊士と激突した。なかでも坂本龍馬の土佐藩、桂小五郎の長州藩、西郷隆盛の薩摩藩は壮絶な戦いを繰り広げ、多くの悲劇のドラマを生んだ。

風光明媚な美しい京都の町は、殺戮が相次ぎ、市内は戦火で焼け野原となった。しかし彼ら志士たちの熱い心は、今もゆかりの地に残り、現代のわれわれの心を魅了する。特にいまでは京都の繁華街となっている四条河原町や祇園、伏見などは彼らが熱い思いを抱いて駆け抜けた地。

幕末志士たちの歴史がつまった界隈をたどってみよう。

酢屋（すや）

京都市中京区河原町通三条下ル
阪急「河原町」下車徒歩5分

坂本龍馬が隠れ住んだ家

酢屋《すや》は河原町三条、木屋町通近くに江戸時代の享保六年（一七二一）に創業した材木商で、創業以来現在に至るまで、二八〇年以上も木材の文化に携わっている老舗である。現在は創作木工芸店と千本銘木商会を営業している。

幕末には六代目当主・嘉兵衛が材木業を営むかたわら、大坂から伏見、京都へと通じる高瀬川《たかせがわ》の輸送権を独占して運送業も営んでいた。

家の前には高瀬川の舟入《ふないり》があり、川沿いには各藩の藩邸が建ち並んでいたため、酢屋は各藩との連絡や折衝に格好の地であった。

当主・嘉兵衛は龍馬の活動に大変理解を示し援助に力を注いだので、龍馬は近江屋《おうみや》で遭難するまで、この酢屋に身を寄せていた。

龍馬は二階の表西側の部屋に住んでいて、二階の出格子から向かいの高瀬川に向かって

酢屋

龍馬は近江屋で最期をとげるまでこの酢屋に身を寄せていた。
海援隊の本部もここに置かれていた。

ピストルの試し撃ちをしたという。

この部屋は、現在は「ギャラリー龍馬」になり、龍馬にゆかりの品々が展示されている。

また、ここには海援隊本部を置き、海援隊隊士や陸奥宗光《むつむねみつ》など多くの志士も投宿したという。

入口には「坂本龍馬寓居跡《ぐうきょ》」の石碑が建つ。

龍馬が遭難した一一月一五日には、毎年酢屋龍馬祭が行われるので、いまも大勢の龍馬ファンが集まるという。

そのほか、一一月から一二月にかけては龍馬追悼展も催されて、龍馬の遺品や海援隊ゆかりの品々が公開される。

酢屋の前の小路は「龍馬通」と呼ばれている。

近江屋跡（おうみやあと）

京都市中京区河原町通四条上ル
阪急「河原町」下車すぐ

龍馬と中岡慎太郎は誰に殺害された？

慶応三年（一八六七）一一月一五日、龍馬は醤油商の近江屋で、同じく土佐藩士だった中岡慎太郎と歓談中に斬殺された。龍馬はそれまで宿舎にしていた酢屋が幕府の役人に知られて身の危険を感じたため、土佐藩邸に近いここに移ってきたばかりだった。

龍馬はこのころ、長州藩と薩摩藩との和解を図り、藩主の山内容堂を説いて大政奉還を建議させるなどに奔走しており、幕府の役人や新撰組に狙われていた。

近江屋では土蔵を改造して龍馬を隠し、いざというときははしごをつかって逃げられるようにしていたが、このときは二階で歓談中の不意をつかれてしまった。

このとき十津川郷士《とつがわごうし》と名乗る武士が数名訪ねてきた。郷士と名乗られたので、近江屋の下男の山田藤吉も油断して通してしまったという。郷士は龍馬と同じ勤皇派だったからだ。

藤吉が二階の龍馬に取り継ごうとしたとき、武士たちはいきなり藤吉を斬りつけて、二階に上がり、龍馬と中岡に斬りかかったという。このときのことはさまざまにいわれているが、確実な史料はなく、くわしいことは不明である。

実行犯は新撰組だといわれたが、いまだに謎のままである。そのほか、土佐藩士説、紀州藩士説、薩摩藩士説などがあったが、いまでは京都見回組による犯行だという説が一番確かではないかといわれている。京都見回組とは幕府の役人で、会津松平容保の配下で京都の治安を守る組織。新撰組とは見回る場所が異なっていた。

現在、近江屋はなくなり、いまでは旅行会社の店頭に、「坂本龍馬、中岡慎太郎　遭難之地」と記された石碑が建っているのみである。

近江屋跡は河原町蛸薬師《たこやくし》下ルの塩屋町にあり、京都でも若者が行きかう繁華街である。この辺り一帯、三条通から四条通の河原町、木屋町界隈はいまでは京都でもっともにぎわい流行の先端をいく町。しかし当時は血気さかんな志士たちがこの界隈に住み、騒乱を起こしていた物騒な場所だった。

現在の京都ホテルオークラのある場所から御池通《おいけどおり》までの広大な敷地は、長州藩の屋敷であった。現在はホテルの前に長州藩の桂小五郎の像が建っている。その南に土佐藩邸があった。近江屋はこの土佐藩邸の近く、少し南西に下った場所にあった。

幾松（いくまつ）

京都市中京区木屋町通御池上ル
市営地下鉄東西線「京都市役所前」下車徒歩2分

桂小五郎と幾松の隠れ家

長州藩士・桂小五郎とその恋人で後に夫人となった幾松《いくまつ》の住まいだった場所は、現在は料理旅館となっている。江戸時代の一八一〇年に建てられた情趣あふれる屋敷は国の登録有形文化財に指定されている。

現在も高瀬川沿いの木屋町筋にあり、鴨川に面した客室からは東山や大文字山など京都の郊外が見渡せる。

新撰組や幕府の役人から常に生命を狙われた小五郎は、この住まいを隠れ家とした。幾松にも何度も危険が迫ったが、そのたびに命がけで小五郎を救ったエピソードは数々ある。

この料理旅館になった幾松にも今も抜け穴や飛び穴、吊り天井などが残り、往時の緊迫感を感じられる。

幾松が暮らした「幾松の部屋」には、新撰組に踏み込まれたとき、小五郎をかくまったという長持ちが置かれている。

現在は、料理を味わうことも、宿泊もでき、希望すると幾松や小五郎の話を聞くことができ、期間限定で幾松の部屋を見学することもできる。

京都のおいしいもの

すぐき漬け

すぐき漬けは、千枚漬け、柴漬けと並び、京都の冬の代表的な漬物である。カブの一種である酸茎菜《すぐきな》を塩だけで漬けこんだ後、乳酸発酵させた酸味が強いのが特徴の味わい深い漬物である。

いまでは全国にも知られてきたが、原料であるすぐき菜自体が京野菜であるため、他府県では味わえない京都ならではの貴重な漬物といえる。

すぐき菜は、古来より京都の賀茂川と高野川にはさまれた上賀茂一帯での栽培、生産が限定され、栽培技術も種も他村へ持ち出すことが禁じられていた。そのためすぐき菜は古くからいまに至るまで、上賀茂一帯の特産品となってきた。カブの変種で根の部分が短い円錐形をしており、葉は肉厚で大きいのが特徴である。

すぐき漬けは京都の上賀茂神社の社家（神社に仕える氏族やその家）のゆかりのものとされ、賀茂川のほとりで見つけたカブに似たすぐき菜を持ち帰って植えたのが始まりとの説がある。

また、上賀茂の社家が宮中からすぐき菜の種を賜って栽培を始めたので門外不出になったという説もある。

上賀茂神社の社家は貴族階級に匹敵し、すぐき漬けは市場に出回ることなく自家や貴族への贈り物だけに使われていた。

すぐき菜の栽培も文化元年（一八〇四）に第一一代徳川家斉のとき「すぐきは他村へ持ち出すことを禁ず」というお触書が出されたため、すぐき菜は門外不出の野菜として、上賀茂だけで守られるようになった。すぐき漬けは上賀茂神社だけでつくられ、食されていたこの上なく貴重な贅沢品であったのである。

江戸時代初期からは、上賀茂神社の社家では、上賀茂神社の特産品として、毎年初夏になると賀茂社家の手によって都の御所や公家、上層階級に贈るようになっていった。御所や公家では、夏の日の珍味として喜ばれて賞味されたと伝えられる。

しかし、江戸時代の終わりごろ、飢饉が続き、飢えに苦しむ京の町の難民のため、社家が製法を公開したことから、しだいに一般の農家でもつくられるようになっていった。

やがて江戸時代の終わりごろから明治の初めにかけて、一般庶民にも出回るようになり、贈答品として珍重されるようになった。

いまでも上賀茂神社の近くには大きな門構えの社家と、古くから漬物をつくってきた伝統ある漬物屋が何軒も建ち並ぶ。いまも京都のすぐき漬けは上賀茂の「秘宝」ともいうべき食べものなのである。

ニシンそば

京都は、平安京の古代から宮中や公家、僧侶などの食のために、さまざまな食文化が発達してきた。また海から離れた内陸の盆地であるため、独特の食文化が生まれた。京都の気候風土に合った独特の京野菜を生み、新鮮な魚が入手困難なため、塩干物や魚の漬物などを利用する知恵がついた。

平安京の昔から、日本海で水揚げされた魚は、ひと塩して若狭街道を経て都まで運ばれてきた。塩さば、ぐじ（一塩の甘鯛）、笹かれいの一夜干し、塩いわし、干したらなどが日本海から運ばれ、内陸の都でも食された。

また江戸時代になると、北前船が北海道で採れたニシンを干物にした身欠きニシンを畿内にも運んだ。北海道の江差や小樽、留萌などから北前船で日本海に運ばれたニシンは、若狭街道や周山街道を通って京都に届けられたので、京都では身欠きニシンの姿煮、ニシンの棒煮、ニシン巻などのニシン料理が発達して名物となった。新鮮な魚がない京都の人々にとって、昔から塩さば、身欠きニシンは貴重なタンパク源であったのだ。

ニシンそばは、かけそばの上にニシンの甘露煮をのせたもので、いまでは各地に出回っているが、京都のそば屋が発祥といわれている。江戸時代、歌舞伎や浄瑠璃など芝居がはやった頃、京都四条大橋のたもとに建つ劇場・南座の向いには北座があった。文久元年（一八六一）、松野与衛門は、北座で芝居茶屋を始め、屋号を「松葉」とし、そばも提供した。

そこで、京都人が好む身欠きニシンを使っておいしいそばができないかと、いろいろとアイデアをひねった末、ニシンとそばの組み合わせを思いついた。

そばの上品なだし汁の中に、秘伝のたれで甘辛く炊き上げたニシンの棒煮を入れたニシンそばを考案したのだ。これは、そばの風味に、ほどよく脂がのったニシンの味が溶け込んで、絶品の味となった。松葉でニシンそばとして売り出したところ、京の町衆の好みに合い、たちまち都じゅうに広まった。

明治になると、芝居見物の客や歌舞伎役者も好んで食べるようになった。明治二五年に北座は閉鎖されたため、松葉は現在は南座の隣に店を構えて営業している。

第4章

呪いと怨念に満ちた京都

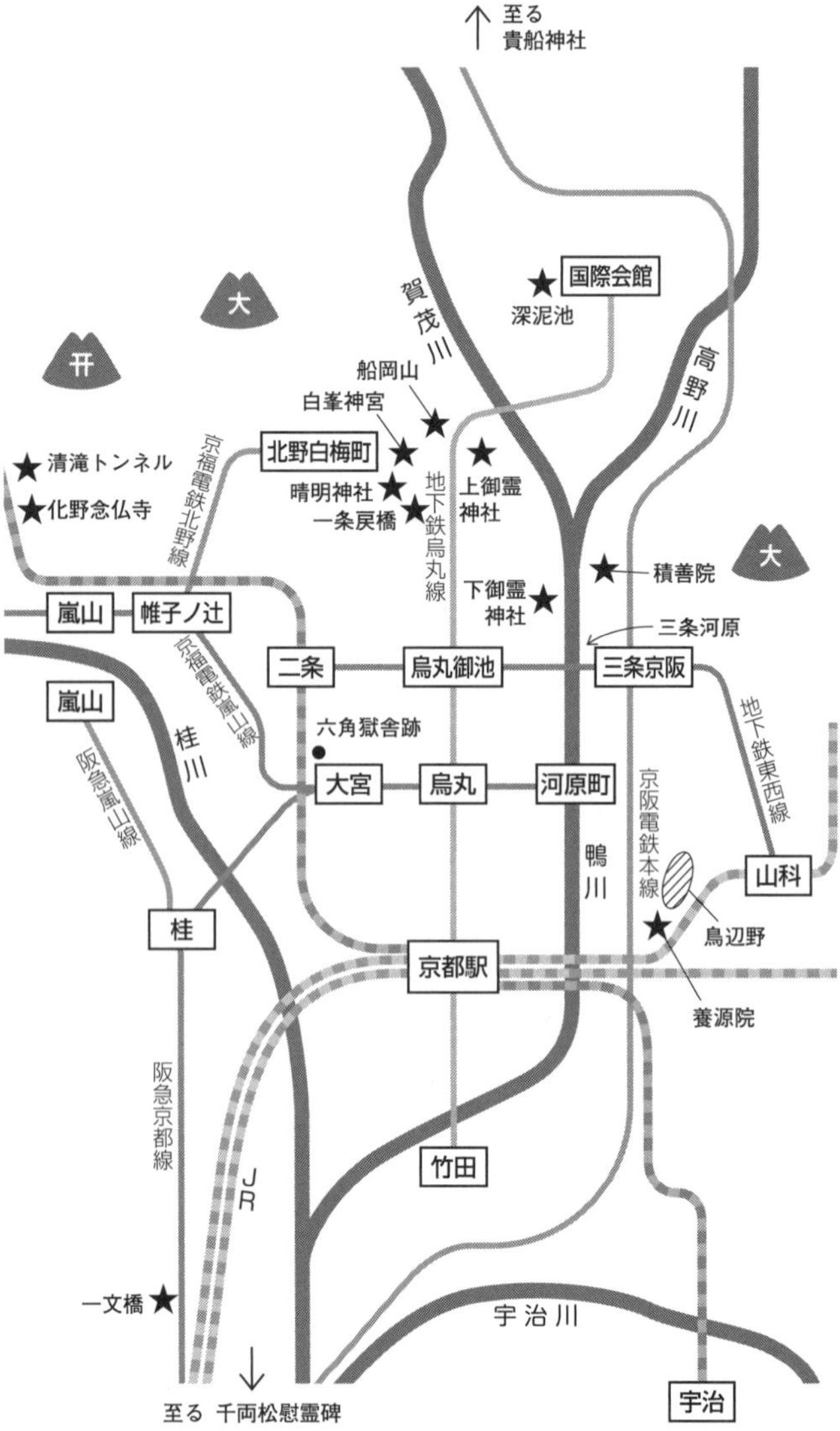
至る
貴船神社
国際会館
深泥池
大
賀茂川
高野川
船岡山
白峯神宮
北野白梅町
清滝トンネル
化野念仏寺
京福電鉄北野線
晴明神社
一条戻橋
地下鉄烏丸線
上御霊
神社
積善院
大
下御霊
神社
嵐山
帷子ノ辻
三条河原
京福電鉄嵐山線
二条
烏丸御池
三条京阪
嵐山
六角獄舎跡
地下鉄東西線
桂
川
阪急嵐山線
大宮
烏丸
河原町
京阪電鉄本線
鴨
川
山科
鳥辺野
桂
京都駅
養源院
阪急京都線
竹田
JR
一文橋
宇治川
至る 千両松慰霊碑
宇治

平安京はなぜ怨霊がたたる魔界になった？

身内で殺し合う血なまぐさい都

平安京がつくられてから京都は雅《みやび》な都となったが、じつは怨霊がうごめく魔界の都でもある。現在でも、ミステリースポットとなっている観光名所がじつに多い。

なぜなら平安京は、それまでの奈良の都や長岡京が怨霊に呪われたため、天変地異や恐ろしい事件が起こるので、怨霊を封じ込めるために造営された都だからだ。

平安京をつくった桓武《かんむ》天皇は、怨霊の呪いにおびえて奈良の平城京と長岡京から逃げ出したのだ。なぜ桓武天皇は怨霊におびえたのか。皇位継承をめぐる陰謀や殺戮がはびこっていたからだ。

桓武天皇は光仁天皇と高野新笠《たかののにいがさ》の間の子だ。高野新笠は朝鮮半島からの渡来系氏族の出身で、身分も低かった。光仁天皇にはもう一人、井上《いのえ》内親王という后がいて、二人の間には他戸《おさべ》親王という男子が生まれた。井上内親王は平城京をつくった聖武天皇の第一皇女で身分も高く、他戸親王のほうが皇太子の資格が桓武天皇より強かった。

ここで異変が起きる。井上内親王がわが子の他戸親王を早く天皇にしたいために夫である光仁天皇を呪い殺そうとしたという罪のため、后の地位をうばわれ、他戸親王も廃太子とされたのだ。

さらに二人は奈良県にある邸に幽閉され、宝亀《ほうき》六年（七七五）、二人同時に謎の死を遂げた。一説には暗殺されたといわれる。こうして桓武天皇は皇位を継承することができたのだ。

だが、井上内親王がわが子他戸親王を皇位につけるため、光仁天皇を呪い殺そうとしたというのは何とも不自然だ。桓武天皇より他戸親王のほうが皇太子の資格があり、黙っていても天皇になれたのだから。

無実の罪に問われた二人は、恨みを抱きながら死んでいった。誰が二人を陥れたのか。それは桓武天皇と、彼を皇位につけようとする取り巻きの藤原一族であることは想像がつく。

ところが、この後、恐ろしいことに桓武天皇のためにつくした藤原氏の一族が相次いで謎の死を遂げる。そして奈良の都に豪雨や雷雨の天変地異が続き、落雷のため寺院が焼き尽くされた。即位したばかりの桓武天皇は、これは井上内親王と他戸親王の怨霊のたたりだと震えあがったのだ。

奈良にいては呪い殺されると、桓武天皇は奈良から逃れて京都の長岡京に都をうつすことにしたのだ。

◆怨霊のたたりにおびえて遷都

桓武天皇は長岡京に都をうつしたが、たたりはおさまらなかった。新都の造営の責任者で桓武天皇の信任が厚かった藤原種継《たねつぐ》が何者かによって暗殺された。

怒った桓武天皇は徹底的に犯人を探した。すると、思わぬ人物の名前が浮上したのだ。それは桓武天皇の実弟の早良《さわら》親王であった。

しかし、なぜ早良親王が藤原種継を暗殺して桓武天皇に背《そむ》く必要があったのか。

早良親王は皇太子に指名されていた。だが、桓武天皇は弟の早良親王ではなくわが子の安殿《あて》親王に皇位を継がせたいと思い始めていた。それを知った早良親王が桓武天皇の側近の藤原種継を暗殺したのだという。

しかし、これも不自然な話で、早良親王は皇位継承者なのだから、暗殺などしなくても やがては天皇になれたのだ。だが、桓武天皇にとっては、わが子に皇位を継がせるには、早良親王は邪魔だった。

ここに、またしても桓武天皇側の陰謀が見え隠れする。早良親王も無実の罪にはめられたのではないか。

早良親王は淡路島に配流となり、捕らえられて長岡京の乙訓寺に幽閉されていたとき、無実を訴えて断食をしたが、罪を晴らすことができずに恨みを抱いたまま没した。

桓武天皇はその亡骸《なきがら》を淡路に配流した。すると、またしても異変が起こった。

桓武天皇のまわりの人びとがつぎつぎと死んでいった。桓武天皇の后が死に、続いて妻女、母親と相次いで謎の死を遂げ、息子の安殿親王も原因不明の重病に陥ってしまった。

そして都の周りでは疫病が蔓延して大勢の人が亡くなり、洪水や豪雨が起こって南門が破壊された。これらの凶事は早良親王の怨霊のたたりだと人びとはウワサしあい、桓武天皇は恐ろしさに、またしても長岡京を捨てて都を移すことにした。

そして陰陽師に、風水によって東西南北が神さまに守られている四神相応の地を探させた。それが現在の京都、平安京である。

したがって桓武天皇は風水により鬼門《きもん》にあたる方角に比叡山延暦寺を建て、裏鬼門の方角に石清水八幡宮《いわしみずはちまんぐう》を置いて、平安京の鎮護としたのである。

だが、この後も悲劇的な死を遂げた者の怨霊が繰り返し、平安京を襲うのである。

桓武天皇が崩御してから幕末まで、京都には陰謀、裏切り、政争、暗殺が続き怨霊がうごめく魔界をつくり続けていくのである。

御霊神社（ごりょうじんじゃ）

平安京の八つの怨霊を鎮める神社

上御霊神社
京都市上京区上御霊前通烏丸東入上御霊竪町四九五
京都市営地下鉄烏丸線「鞍馬口駅」下車徒歩3分
下御霊神社
京都市中京区寺町通丸太町下ル
京都市営地下鉄烏丸線「丸太町駅」下車徒歩7分

京都には二つの御霊神社《ごりょうじんじゃ》がある。一つは京都御所の北にある上御霊神社《かみごりょうじんじゃ》、もう一つが南にある下御霊神社《しもごりょうじんじゃ》だ。

上御霊神社は八所御霊ともいわれて八柱が祀られている。崇道《すどう》天皇（早良親王）、井上皇后、他戸親王、藤原広嗣《ひろつぐ》、橘逸勢《はやなり》、文室宮田麻呂、菅原道真、吉備真備《きびのまきび》の八柱である。最初は桓武天皇が平安京をつくった七九四年に、崇道天皇（早良親王）を神霊として祀ったのが始まりであった。

早良親王は先に書いたように無実の罪によって憤死した。その怨霊がたたりを起こしたために、崇道天皇として霊を祀ったのだが、たたりはおさまらなかった。御所に落雷があり、都には疫病が流行って平安京の人びとは怨霊におびえた。そこで、早良親王だけでなく、恨みを抱いて悲業《ひごう》の死を遂げた七人の霊をつぎつぎに祀ったのが上御霊神社である。

下御霊神社の祀っているのも崇道天皇（早良親王）、藤原広嗣、橘逸勢、文室宮田麻呂、菅原道真、吉備真備までは同じだが、ほかに伊与親王と藤原吉子を祀る。

藤原吉子は桓武天皇の後宮に入り伊与親王を生んだ。伊与親王は政治的能力に優れた人物で、桓武天皇の信任も厚かった。ところが、異母兄弟の安殿親王が桓武天皇の後を継いで平城天皇となると、側近の藤原氏の陰謀により、母親の藤原吉子とともに謀反の疑いをかけられて捕えられ、河原寺に幽閉されてしまった。そして飲食を絶たれて、二人は毒をあおって自害した。

一説には桓武天皇に寵愛された伊与親王と藤原吉子親子に嫉妬した平城天皇がたくらんだ陰謀という説もある。平城天皇は二人の怨霊のたたりをひじょうに恐れたという。そのせいか、平城天皇はわずか三年で皇位を退いてしまう。

そしてほかにも憤死した人の霊を集めて上御霊神社と下御霊神社に祀り、怨霊鎮めとしたのである。八六三年に初めて御霊会《ごりょうえ》という、怨霊を鎮めるための儀式が催されたのが、二つの神社の始まりといわれる。それから何と一二〇〇年にもわたり、二つの御霊神社は京都にたたる霊を鎮めているのである。

白峯神宮（しらみねじんぐう）

京都市上京区今出川通り堀川東飛鳥井町二六一
京都市営地下鉄烏丸線「今出川駅」下車徒歩8分

悪鬼になった崇徳上皇の怨念がはびこる

白峯神宮《しらみねじんぐう》は、京都御所の北側近くに鎮座する神社で、蹴鞠《けまり》の宗家飛鳥井家《あすかいけ》の屋敷があった地だ。サッカー発祥の地として知られ、サッカー関係者はじめスポーツ選手がよく参拝に訪れる。

明治になってつくられたので京都の神社としては新しい。じつはこの神社は平安末期に権力争いに負け恨みを抱いて死んだ崇徳《すとく》上皇の怨念を鎮めるために建てられたのだ。

保元《ほげん》元年（一一五六）、崇徳上皇と実弟の後白河天皇が兄弟で皇位継承を争い、藤原氏や源氏、平家も巻き込む大戦乱となった。保元の乱である。結果は後白河天皇の勝利で、敗れた崇徳上皇は讃岐へ流された。

崇徳上皇の恨みたるやすさまじく、上皇は自分の舌を食いちぎり、流れる血で写経し、そこに「日本の大魔王となって復讐する」と書きつけたという。そして爪や髪を伸ばし放題にし、眼は血走りまさに悪鬼のありさまになって、都を呪い続けながらついに崩御した。

その後、京都では飢饉や災害、大火、疫病が相次ぎ、二条天皇が若くして亡くなった。都ではすべて崇徳上皇のたたりとおびえ、朝廷ではこのたたりを鎮めるため崇徳院の称号を贈って古戦場に崇徳上皇廟を設けるなどした。しかし、怨霊はおさまらなかった。

時代は移り、幕末の京都である。慶応二年（一八六六）、孝明天皇は崇徳上皇の霊を鎮めるために白峯神宮をつくり、讃岐に祀られている御神霊を京都に移して祀ることにした。ところが、その年の一二月に原因不明の高熱を発して倒れてしまったのだ。

やがて顔や体に大きな発疹があらわれ、医師団は疱瘡《ほうそう》と診断。発病からわずか五日後には崩御された。しかし、じつは何者かに毒殺されたのでは、という説がいまも根強く伝えられる。当時の京都は幕末の混乱の中にあり、開国派と尊王攘夷派が対立し、連日斬り合いが起きる物騒な世の中であったからだ。崇徳上皇の怨念がまだ解けていないと噂された。

そこで孝明天皇の子の明治天皇が遺志をついで、二年後の慶応四年（一八六八）、即位と同時に白峯神宮を造営し、讃岐から崇徳上皇の御神霊を移して祭神としてお祀りしたのである。何と、七〇〇年の時を超えて崇徳上皇はやっと都に戻ることができたのである。

白峯神宮

崇徳上皇の怨念を鎮めるために建てられた白峯神宮。
明治天皇によって造営された京都では新しい神社である。

積善院の人喰い地蔵

恨みを抱いて死んだ崇徳上皇の化身

京都市左京区聖護院中町一四
京阪電車「神宮丸太町駅」下車徒歩８分

左京区聖護院《しょうごいん》中町、平安神宮から北に向かうと聖護院門跡《もんせき》という修験道の総本山の寺院がある。かつてこの辺りは「聖護院の森」と呼ばれる昼でも暗い大きな森であった。この聖護院の境内にある塔頭《たっちゅう》の一つが積善院《せきぜんいん》である。

ふだんは地元の人がお参りするくらいの、町中の静かな寺の塔頭だ。ところが、ここには物騒な地蔵が祀られていることで知られる。

積善院の中には、いくつかの地蔵が安置されているが、なかに「人喰い地蔵」と名前が書かれた不気味な地蔵が祀られている。じつはこの地蔵の石像は聖護院の森に野ざらしの状態であったものを、明治になってから積善院に安置したのだという。

じつはこの恐ろしい名前の地蔵は、恨みを抱いて壮絶な最期を遂げ、悪鬼となった崇徳上皇の化身なのだ。

積善院に安置された人喰い地蔵

保元の乱で讃岐に流され生きながらにして大魔王と化した崇徳上皇は死んだ後、怨霊となって京都に疫病、飢饉、天変地異を起こしたため、京都の町の人びとは崇徳上皇の怨霊を恐れて、一体の地蔵をつくり聖護院の森の中に祀ったという。

その地蔵が明治になって発見されてこの寺に移されたのだ。だから正式な名前は「崇徳院地蔵」である。「人喰い地蔵」といわれるのは、崇徳上皇のたたりのせいで疫病や飢饉が蔓延し、多くの京都の人びとが死んだので、崇徳上皇の怨霊は人を食うほど恐ろしいということなのだ。

そんな恐ろしい名前の地蔵だが、いまでは無病息災の御利益があるといわれて、お参りする人も多いという。

一条戻橋（いちじょうもどりばし）

京都市上京区堀川下之町
京都市バス「一条戻橋」下車すぐ

罪人のさらし場所で死んだ者が生き返る橋

京都御所の西、堀川通《ほりかわどおり》一条の堀川に小さな橋がかかっている。今は川には水がなく、コンクリートの橋だが、かつては木造の橋で平安京から今に至るまで位置も変わらずにある。当時は京都に入る要衝で、北の境にあることから、この世とあの世の境界にかかる橋といわれてきた。

これが「一条戻橋《いちじょうもどりばし》」で、この橋を渡ると死んだ者が生き返ると言われている奇怪な橋なのだ。

平安時代の九一八年のこと、文章博士の三善清行《みよしきよつら》が亡くなり、その葬儀の列がこの橋に通りかかった。そのとき、熊野に出かけていて父親の死に目に間に合わなかった息子の浄蔵がこの橋の上で父の葬列と出会った。浄蔵は父の亡骸にすがって泣き、読経を始めたところ、不思議なことに父親が息を吹き返したという。このことからこの橋は死者が生き返る橋「一条戻橋」と呼ばれるようになる。

中世になると、この橋はあの世への旅立ちの場となった。

罪人の処刑場、あるいは残酷なさらし場となったのだ。処刑場までの引き回しの道となり、処刑される罪人はこの橋を渡って生き返ることを願ったという。

天正一九年（一五九一）、豊臣秀吉は千利休に切腹を命じ、その首をこの橋の上で三日間さらした。また、三好長慶の家臣の和田新五郎は将軍の乳母と密通した罪で、この橋の上でのこぎり挽《び》きにされたのである。

慶長元年（一五九七）には、「日本二十六聖人」と呼ばれたキリシタンが、秀吉によって捕えられ、この橋の上で耳を削ぎ落されて、市中引き回しをされてから処刑地の長崎に向かったのだ。

現在の一条戻橋は、何度もつくり直されているが、かつて処刑され、さらし首にされた者たちの霊のうめきは変わらずに満ちているかのようだ。

貴船神社（きふねじんじゃ）

京都市左京区鞍馬貴船町一八〇
京都バス「貴船」下車徒歩5分

丑の刻参りが生まれた神社

貴船神社は鞍馬《くらま》山のふもと、貴船川に沿って建てられた神社である。創建年代はわかっていないが、かなり古く神武天皇の母である玉依姫命《たまよりひめのみこと》が貴船川をわたって当地に来て水神を祀ったのが始まりとされる。水神を祀る神社で全国に四五〇社ある貴船神社の総本社である。

京都でも郊外の鞍馬山のふもとで、うっそうとした山の木々に囲まれ、昼でもひやりとした肌寒い雰囲気が漂う。縁結び、開運のパワースポットとして知られるが、夜は真っ暗闇で本堂の奥にある奥宮などは不気味感が蔓延している。

ここは丑《うし》の刻《こく》参りで知られる。丑の刻参りとは、日本に古くから伝わる呪いの術で、丑の刻、つまり夜中の午前一時から三時頃に神社の御神木に、呪い殺したい相手に見立てたわら人形を五寸釘で打ちつけて呪いの言葉を唱えれば、呪い殺すことができるという。

しかも丑の刻参りをするときは、じつに不気味な格好をしなければならない。白装束を身にまとい、頭には鉄輪《かなわ》を逆さにしたものをつけ、顔には朱《しゅ》をつけて松明《たいまつ》を口にくわえて、一人で山深い奥の宮に入るのである。

真っ暗闇の中、奥宮の杉の木に藁人形をうちつけて呪いの言葉をつぶやく女が一人……なんともおどろおどろしい光景である。

貴船神社の丑の刻参りには次のような話が伝わる。昔、夫に捨てられた妻が、夫を奪った女を呪い殺そうとして、毎夜貴船神社の杉の木にわら人形をうちつけて夫を呪った。すると体調がおかしくなった夫はふしぎに思って陰陽師の安倍晴明《あべのせいめい》に相談した。安倍晴明はすぐに妻が丑の刻参りをしていることを見抜いた。

満願の夜に妻が夫を連れ去ろうとしたが、安倍晴明に阻止されてできず、怒った妻は傍にあった井戸に身を投げてしまうのだ。近くの町の人びとは、妻を哀れに思って井戸のそばに祠《ほこら》を建てて鉄輪社《かなわしゃ》として妻の霊を祀ってあげた。妻が身を投げた井戸と鉄輪社はいまも下京区堺町松原にあり、近所の人たちがお祀りしている。

三条河原（さんじょうがわら）

処刑された人々の怨霊のうめきがいまも聞こえる

京都市中央区三条通河原町
市営地下鉄東西線「三条京阪駅」下車すぐ

京都市内を流れる鴨川《かもがわ》の川べりは、水の流れと木々の緑が美しい情趣あふれる憩いの場だ。とくに三条大橋のたもとの河原は京都人の散策の道で、若い恋人たちの格好のデートスポット。

夕方になると川べりに腰かけた何組ものカップルが楽しそうに語り合う光景が見られる。だが、ここはかつて「三条河原《さんじょうがわら》」と呼ばれて処刑場と首のさらし場所であった。戦国時代には激戦地でもあり、血なまぐさい恐ろしい場所なのだ。

ここで処刑された有名な人物をあげてみる。まず、安土桃山時代の盗賊・石川五右衛門。三条河原で釜茹での刑に処せられたことはよく知られている。実在の人物か疑問視されていたが、近年、イエズス会の宣教師の日記などから実在が確認され、息子といっしょに釜茹でにされたことも記録にあるという。

石田三成は関ヶ原の戦いに敗れてとらえられ、六条河原で処刑されて三条河原でさらし首にされた。新撰組の近藤勇《こんどういさみ》は板橋刑場で処刑された後、三条河原でさらし首にされた。

そして阿鼻叫喚《あびきょうかん》の地獄図絵となったのが、豊臣秀次《ひでつぐ》の妻妾と子女三十余名の惨殺であった。豊臣秀次は秀吉の甥であった。秀吉になかなか世継ぎが生まれなかったので、秀吉は秀次を養子にして関白職を譲った。これはやがては豊臣家の家督を秀次に譲るということで、秀次も天下を取ることを夢見たであろう。ところが、秀吉がもっとも寵愛していた淀君《よどぎみ》との間に秀頼《ひでより》が生まれると、秀次に対する秀吉の態度が変わっていった。

秀吉はわが子秀頼を溺愛し、跡継ぎも秀頼にと考え始める。すると諸大名も秀次に豊臣家の跡継ぎの可能性がなくなったことを察知し、秀次の周りから離れていった。秀次は疑心暗鬼にかられて自暴自棄になっていった。

やがて秀次に謀反《むほん》のうわさがたったため、秀吉は秀次を捕えて高野山に幽閉した。秀次はひたすら謀反の意などないことを表明するが聞き届けられず、自刃《じじん》の命が下され、二八歳で自害して果てたのだった。

さて、これからが秀吉の本当の恐ろしさである。秀吉は何の罪もない秀次の妻妾とその子供たち三十余名をすべて捕えて市中引き回しのうえ三条河原に引き立てた。そこには秀次のさらし首が置かれていた。

やがて処刑人によってひとりひとり首をはねられていったが、わずか一歳の幼児も惨殺され、そのあまりの惨さに、見物の人びとも震え上がったという。処刑された遺体は穴に放り込まれ、「悪逆塚」と彫られた石が乗せられた。

悪逆塚はかえりみる者もなく荒れたままであったが、後に京都の豪商・角倉了以《すみのくらりょうい》がこの悪逆塚を建てなおしてこの地に瑞泉寺《ずいせんじ》という寺を建て、秀次と殺された妻妾と子供たちの菩提を弔ったという。

現在のデートスポットは、じつは大勢の惨殺死体とその血が染み込んだ、おどろおどろしい恐怖スポットであり、いまも霊があらわれる場所でもあるのだ。

清滝トンネル（きよたきトンネル）

京都でもっとも恐ろしい心霊スポット

京都市右京区嵯峨清滝深谷町
トロッコ「保津峡駅」下車

京都市の郊外、桜と紅葉の名所で知られる嵯峨野《さがの》・嵐山《あらしやま》から清滝《きよたき》へ抜ける狭いトンネルは、京都でもっとも不気味で恐ろしい心霊スポットといわれる。

愛宕念仏寺《おたぎねんぶつでら》のすぐ近くにあり三・四キロメートルの長さのトンネルは昼間も暗く、ひんやりとした独特の空気がただよう。

車一台しか通れないので、トンネルの前に信号が設置されていて交互通行になっている。周囲は山の中で、人通りもなく一人でいると、鳥肌が立ってくるような不気味さである。

ここは昔、南北朝時代に古戦場や処刑場があり、戦死者や処刑された者たちの霊がいまもさまよっているという。

もとは愛宕山《あたごやま》鉄道平坦線のトンネルだったが、戦争中に廃線となってからは道路に転用された。そのため鉄道工事の際に亡くなった人や事故死した人の霊も出没するという。

また、三〇年ほど前に女性が自殺し、その霊も出るという。

このトンネルに入るとき、信号が青だからとそのまま進んでしまうと、必ず女の幽霊に出くわすという。だから青でもいったん赤になって次に青になるまで、相当長く待たなければならない。

うっかり青信号でそのままトンネル内に入ってしまうと、運転手の目の前、ボンネットの上に白い服を着た女が落ちてくる、女性の悲鳴や鳴き声が聞こえる、行きと帰りでトンネルの長さが違う、カーブミラーに自分の顔が映らないと死ぬ、車のバックミラーに老婆が映る、などの恐ろしい目に遭うという。

近ごろは夏になると、夜、肝試しに若者が大勢やってくるというが、実際に恐怖体験をした人が多く、恐れられている。

船岡山（ふなおかやま）

息子に処刑された源氏の怨霊が今もたたる

京都市北区紫野北舟岡町
市営バス「ライトハウス前」下車徒歩５分

京都の北方、紫野《むらさきの》の地に標高約一一二メートルの小高い丘がある。桓武天皇が平安京をつくった際、都の中央に南は羅城門《らじょうもん》から北は船岡山《ふなおかやま》まで、南北に貫く大路《おおじ》をつくった。これが朱雀大路《すざくおおじ》で、現在の千本通である。

船岡山のふもと一帯は死体の捨て場所であった。また船岡山の山上は、保元の乱や応仁の乱などの戦で負けた武将の処刑場であった。

そのため怨霊が出るという噂が絶えず、時を経た昭和の時代にもこの山で殺人事件があり、現在も京都では有数の心霊スポットとして知られている。

保元の乱は、前にもふれたが後白河天皇とその兄の崇徳上皇の争いで、平家、源氏、皇族を巻き込んだ複雑な様相を呈した戦乱となった。源為義《ためよし》は五人の息子や一族とともに崇徳上皇側の主力となって戦うが、嫡男の義朝は平清盛とともに後白河天皇の主力となった。

合戦は後白河天皇の勝利となり、源為義は東国へ逃げようとしたが逃れられず、比叡山東塔の南谷に入って出家した。しかし平清盛はこれを許さず、嫡男の義朝に為義と五人の息子たちの処刑を命じた。

義朝は清盛に父と弟たちの許しを願い出るも聞き入れられず、やむなく為義と弟たちを船岡山で斬首したのである。その直後から、京都の町は息子に殺された為義の怨霊に襲われ始めるのだ。雷が落ちて町を焼いた上に、清盛にもたたりを及ぼした。

それにしても、義朝に実の父や弟を斬首するよう命じた清盛は何と残虐なことか。そのため清盛は最期に怨霊に取り憑かれて高熱を発して没している。

応仁の乱でも船岡山は戦場となって、多くの死体がここに野ざらしになった。そのため船岡山には、源為義はじめ無念の思いを抱いて死んでいった多くの兵士の怨霊がさまよっているといわれる。

現在は丘の頂上は公園に整備され、織田信長を祀った建勲神社が鎮座する。怨霊は信長とは関係ないが、丘は周囲を鬱蒼《うっそう》と茂る木々に囲まれ、暗くなるとかなり不気味で一人では昇ることはできない。

一文橋（いちもんばし）

人魂が毎晩飛ぶ

長岡京市一門橋
JR東海道線「長岡京駅」下車徒歩20分

一文橋は京都の西、向日市《むこう》と長岡京市の境目を流れる小畑川にかかる橋である。京都から西に向かう西国街道が小畑川を渡る地点にかけられている。

現在の一文橋はコンクリート造の立派な橋になっており、周囲は団地が建ち並ぶ新興住宅街として開けている。西国街道と京都外環状線が交差する交通の要衝で、朝と夕方は車のラッシュアワーとなる。

だが、この橋が創建された室町時代は、そうではなかった。畑と森が続く寂しい里で、橋も木造の小さなものだったはずだ。

「一文橋」とは変わった名だが、なぜこのような名がついたのだろうか。

この橋の謂れは、現在の一文橋のたもとにある石碑の解説に書かれている。

小畑川は現在の西京区から流れ出て、長岡京市内を南北に流れ、大山崎あたりで桂川《かつらがわ》に合流する。かつては、大雨が降るたびに氾濫して洪水を起こし、そのたびに村人たちを困らせていたそうだ。

そして一文橋も洪水のたびに流されたという。流されるとまた新しい橋をかけることになり、その費用が室町幕府の負担になった。そこで橋のたもとに橋守《はしもり》を置き、通行人から通行料として一文ずつ取って橋の架け替えの費用に当てた。そこから「一文橋」の名がついたという。

だが通行料が払えない貧しい者は、橋守の目を盗んで渡ろうとした。それが見つかるとその場で斬り殺された。そのため、橋の周りには夜な夜な人魂が飛び交い、「橋を渡してくれ」と叫ぶようになり、里の人たちを大いに怖がらせた。

橋守のなかには、通行料が払えずに渡ろうとする者を見過ごして知らん顔をしてくれる者もいた。そんな優しい橋守に「半兵衛《はんべえ》」という者がいた。そこで「知らぬ顔の半兵衛」という言葉が生まれたという説がある。

また、この橋が日本では初めての有料道路である。

一文橋

室町時代、この橋は日本で初めての有料道だった。通行人から一文ずつ取って、橋の補修費用にあてたのだ。

深泥池（みどろがいけ）

京都市北区上賀茂深泥池町
市営地下鉄烏丸線「北山駅」下車徒歩10分

タクシー怪談の発祥の不気味な池

京都でもっとも有名な魔界スポットといわれるのが、ここ深泥池《みどろがいけ》である。京都市の北、上賀茂の地で、地下鉄烏丸《からすま》線の北山駅から一〇分ほどのところに広がる。周囲は約一・五キロ、面積が約九ヘクタールで中央に浮島が浮かんでいる。

水草や水生植物がびっしりと生い茂り、見た目は底なし沼といったほうがふさわしいようだ。周囲は標高二〇〇メートルを下回る小高い丘に囲まれ、丘には鬱蒼と樹木が茂り、見上げた丘の中腹には病院が建っている。

昼間でも不気味さが漂う一帯で、気の弱い人は一人ではとても怖くて歩けない。

この池は昔から鬼や妖怪が出没したといわれ、いまでも幽霊がたびたび目撃されているという。

タクシー怪談の発祥地で、タクシーにまつわる怖い話が多い。この池の近くでタクシーが若い女性客を乗せると、突然後部座席から消えてしまう例、姿は消えたが座席のシートがぐっしょりと濡れていたという例、自殺した水死体が池から浮かんだという例、池沿いの曲がりくねった道を曲がりきれない車が衝突事故や池に落ちる例などが、頻繁に起こるといわれているのである。

また、数千年にわたって形成された深い泥は、はまると二度と抜けられないといわれ、いまだに深い泥の中には死体が何体も埋まっているという。

この地はちょうど洛中から鞍馬街道で北へ向かう分岐点であり、人里から魔界への境界線上にあるため、強力な心霊スポットになっているのだという。

古くは、この地の北にある貴船の奥に鬼が棲んでいて、この池を出入り口にしていたという。御伽草子《おとぎぞうし》にも貴船には鬼が棲んでいるという伝承があり、貴船と池の間は地下で水脈がつながっているという。

実際に新聞や雑誌に幽霊が出没したという記事が掲載されたこともあり、全国的に心霊スポットとして有名になった。

だが、じつはこの池は氷河期からの生き残りとされる生物や水生植物が多く生息しており、学術的に貴重な池で、国の天然記念物に指定されているほどだ。日本で初めてミズグモが発見されたこともある。

現在では、怪談とは関係なく、地元の方々によって深泥池を守る会や深泥池を美しくする会が発足して、貴重な池の生物と環境を保護する活動が続けられている。

千両松慰霊碑（せんりょうまついれいひ）

撤去された慰霊碑に霊が激怒

京都市伏見区納所下野
京阪線「淀駅」下車徒歩15分

幕末の戊辰《ぼしん》戦争は京都の鳥羽伏見《とばふしみ》の戦いから始まった。一八六八年、京都南部の鳥羽、竹田、伏見で明治新政府軍と旧幕府軍が激突、多くの犠牲者を出した戦いである。

千両松《せんりょうまつ》とは、現在の京阪本線淀駅から徒歩で二〇分ほどの伏見区納所下野の地にあった松の木で、豊臣秀吉が植えたと伝えられる。あまりに見事な枝ぶりの松の木だったので、「千両松」といわれていた。

この木が植えられていた地は、鳥羽伏見の戦いでも激戦の地となった。伏見の戦いで敗れた旧幕府軍は、この千両松に陣を置き、新政府軍と対峙した。

旧幕府軍は会津藩、新撰組。対する新政府軍は薩摩の砲兵隊、長州の騎兵隊、鳥取の砲兵隊で、鉄砲を駆使する新政府軍の方が有利なことは明らかだった。

だが、初めは旧幕府軍が勝ち進んでいた。やがて新政府軍が鉄砲を駆使し出すと、圧倒的な強さで、会津藩も新撰組もまたたく間に壊滅させられ、惨敗を喫したのである。

その後、この千両松の傍らに、両軍の慰霊碑が建てられ、関係者や遺族によって戦死者の霊が祀られることになった。

年月がたった一九七〇年頃、この近くにある京都競馬場の拡張工事が始まった。そのため、千両松慰霊碑が撤去されてしまったのだ。

すると、その直後から不思議なことが相次いで起き始めた。拡張工事に事故が相次いで起こるようになったのだ。

しかも、新撰組の旗を持った隊士の幽霊が毎夜あらわれては、「元の場所に返せ！」と叫ぶというのである。

そこで恐れをなした工事関係者は、千両松慰霊碑を元の場所にもどし、慰霊碑を管理していた近くの妙経寺に頼んで、供養を行った。それ以来、幽霊はあらわれなくなったという。

現在、「戊辰役東軍戦死者埋骨地」と彫られた慰霊碑が建ち、傍らには一本の松の木も植えられているが、この松が秀吉が植えた松かどうかはわからない。地元の人たちによって、常に花がたむけられている。

六角獄舎（ろっかくごくしゃ）

三十数名の勤皇志士たちが惨殺された場所

京都市中京区六角通大宮西入ル因幡町
ＪＲ山陰本線「二条駅」下車徒歩10分

京都市中京区六角通《ろっかくどおり》因幡町、六角通りに面したマンションの一隅に、「日本近代医学発祥之地　山脇東洋顕彰」の石碑、その左脇に「勤皇志士　平野国臣他十数名終焉の地」の石碑が建つ。

さらにその奥に「日本近代医学のあけぼの山脇東洋観臓之地」の石碑、「殉難勤皇志士忠礼塔　枢密院議長　原善道書」の石碑と、志士たちを祀る小さな祠がある。

石碑が建つ場所は江戸時代中期には「六角獄舎」という牢獄があり、幕末には多くの志士が新撰組や京都見回組によって捕えられて収容されていた。

一八六四年、京都から追放されていた長州藩が、会津藩を追放しようと京都に攻め込んで禁門《きんもん》の変が起こった。長州藩と会津・薩摩藩の連合軍との激しい戦争になり、長州藩が放った火は燃え広がって京都市中を焼き尽くすこととなった。

火災は六角獄舎にまで迫ったため、京都町奉行は、混乱のなかで入牢者たちが脱獄することを恐れて、まだ判決が決まっていない勤皇志士たち三十数名の首を斬って処刑してしまったのだ。なかには有名な志士、古高俊太郎や平野国臣らもいた。

また、ここは日本で初めて人体解剖が行なわれた場所でもある。

宝暦四年（1754）、六角獄舎で罪人が斬首刑に処せられ、それを知った京都の医学者・山脇東洋《やまわきとうよう》が罪人の死体の解剖許可を京都所司代の酒井忠用に願い出て許可され、六角獄舎で処刑された屈嘉《くつか》という男性の解剖がおこなわれた。

現在は獄舎はなく、マンションが建ち並ぶ住宅街になって、前述の石碑が残るのみである。近くには、かつて斬首に使った刀の血を洗う「首洗井」の井戸があった。現在は埋められているが、その跡地が残っている。

多くの勤皇志士の無念と恨みがこもる地は、いまは密かに心霊スポットとして知られている。

六角獄舎

江戸時代中期にここに六角獄舎という牢獄があり、幕末には多くの志士が収容されていた。

鳥辺野（とりべの）

人気の観光スポットはじつはこんなに恐ろしい場所！

京都市東山区清水寺の南西部
市営バス「池田町」下車

平安京には人びとの遺体を捨てる風葬《ふうそう》の地が三か所あった。この時代、死者を弔い墓地に埋葬できるのは貴族や高僧など身分が高い者だけで、民衆の亡骸《なきがら》は野辺送りをして風葬の地に捨てるのがせいぜいであった。

その風葬の地が、平安京の東側にあった鳥辺野《とりべの》と西側にあった化野《あだしの》、北にあった蓮台《れんだい》野《の》の三か所であった。

鳥辺野は東山三十六峰の音羽山《おとわやま》から阿弥陀《あみだ》が峰の一帯で、清水寺の下あたりである。現在は観光客に人気の名所で清水寺や高台寺、建仁寺、六波羅蜜寺などがあり、観光客でにぎわっているが、平安時代は、ふだんは人が寄りつかない恐ろしい死の世界への入り口であった。

鳥辺野とは「鳥が集まってくる野」という意味だが、なぜ鳥が集まってくるのかといえば、死骸を捨て置いて風葬にすると、鳥や野犬が群がってきてそれをむさぼり食らう、鳥葬の地でもあったからだ。連日、ここに捨てられる遺骸が累々《るいるい》と積み重なり、鳥やカラスがそれをあさる、ぞっとする光景が展開していたのが鳥辺野である。

だが、鳥辺野に捨てられる遺体はまだいいほうで、平安時代は野たれ死んだ民衆の亡骸が道端にゴロゴロと放置されていた。この時代、都には疫病が蔓延し、飢饉や洪水、干ばつなどが相次いだため、埋葬できない死体がそのまま野ざらしにされていたという。

平安京というと雅で優雅な王朝文化をイメージするが、華やかだったのは朝廷や貴族に限られ、民衆の暮らす京都は、ほこりや糞尿が舞い、遺体が転がる地だったという。

その野ざらしにされた遺骸を集めて鳥辺野で野辺送りをし、山中に阿弥陀堂を建てて埋葬したのが、僧の行基《ぎょうき》であった。そこでこの山を阿弥陀が峰と呼んだ。音羽山に続く標高二〇〇メートルくらいのなだらかな山で、現在の東山区七条の東方にある。後に山頂に豊臣秀吉を祀る豊国廟が建てられている。

現在も阿弥陀が峰の山中には斎場や広大な墓地があり、昼間でも異界に踏み込んだようなムードが漂っている。そのふもとの松原通にはあの世とこの世の境目に建つ六道珍皇寺があり閻魔大王を祀っている。人気のスポットは、じつはあの世への入り口であったのだ。

化野念仏寺（あだしのねんぶつじ）

八〇〇〇体の無縁仏が並ぶ異界の地

京都市右京区嵯峨鳥居本化野町一七
京都バス「鳥居本」下車徒歩5分

京都の西郊外、嵯峨野は四季折々の景色が美しい風光明媚な観光名所だ。嵐山のふもとで竹林や山の中の散策路は京都の風情がたっぷり味わえる。

その嵯峨野の散策路を奥に昇っていくと、奥嵯峨野鳥居本《とりいもと》の地に化野念仏寺がひっそりとある。

ここは平安時代、鳥辺野、蓮台野とともに、都の死体の捨て場所で、三大風葬地の一つであった。

「化野」は「あだしの」と読むが、「あだし」ははかない、むなしいという意味で、「化」は「化ける」の意味。「生が化して死となる」ことを意味する。

前項にも触れたように、平安時代は、疫病が蔓延し天変地異が続いて、行きだおれや野たれ死ぬ人が多かった。この化野の地にもそんな野たれ死んだ庶民の遺骸が道端に放置されていたのだ。

　化野念仏寺は、伝承によると、この地を訪れた弘法大師が野ざらしにされた遺骸を哀れに思って、如来寺を建立して埋葬したのが始まりという。

　弘法大師はここに一千体の石仏をつくって祀った。後に法然上人が念仏道場としたので「化野念仏寺」と名前をあらためられたという。

　現在は境内を埋め尽くす石仏は八〇〇〇体にもなっている。明治時代に化野の地に散在していた名もない無縁仏を掘り集めて境内に祀ったものだ。

　化野念仏寺の石仏はみな背丈が低い小さな石仏で、それがズラリと並ぶさまは、「賽《さい》の河原《かわら》」または「西院《さい》の河原」と言われている。

　賽の河原とは冥途《めいど》にある三途の川の河原のこと。親より先に死んだ幼い子供は父母の供養のために、河原の小石を積み上げて塔をつくろうとするが、鬼がやってきて崩してしまうので、何度も積み上げねばならない。

　救いのない悲しい状況に、地蔵菩薩があらわれて子供を救うという。

　八〇〇〇体の石仏が並ぶ光景は、京都の寺では唯一この寺だけで、昼間でもミステリアスで奇怪な気配すら感じられる。

化野念仏寺

かつて都の三大風葬地の一つだった。弘法大師はここに一千体の石仏をつくって祀った。現在は石仏の数が八千体にもなっている。

毎年八月二三、二四日の地蔵盆の夜に、無縁仏の千灯供養《せんとうくよう》が行われている。石仏の一体一体にロウソクをそなえ無縁仏の霊を供養するのだが、暗闇に浮かぶ無数のロウソクの火が揺らぐさまはじつに幻想的で見ごたえがある。

昼間の京都ばかりでなく、一度はぜひ夜に訪れてみたい。ただし、気が弱い方は異界の光景にギョッとなるかもしれないが。

養源院（ようげんいん）

血痕が生々しく浮き上がる天井

京都市左京区田中門前町一〇三
市営バス「京大農学部前」

東山区にある三十三間堂の近くに養源院という落ち着いた雰囲気の寺が建っている。この寺は豊臣秀吉の側室であった淀君が、父の浅井長政の供養のために一五九四年に秀吉に願って建立した。

その後、一六一九年に火災によって焼失したが、二年後に淀君の妹で徳川秀忠の妻の崇《すう》源院《げんいん》が秀忠に懇願して再建した。その際、本堂の建材に京都桃山にあった伏見城の遺構を転用している。

じつはこの質素な寺にはじつに不気味なものがある。それは「血天井」で、人の血痕が手の形や身体の形のまま残っているのだ。いまでもはっきりと見える血痕には背筋が凍るような戦慄を覚える。雨の日には、この天井からたらりと血のしずくが落ちてきて廊下を赤黒く染めるといわれている。

なぜ寺の天井に不気味な血痕が生々しく残されているのか。

この血天井は、徳川家康の家臣の鳥居元忠《とりいもとただ》と石田光成が戦った伏見城攻防戦のときにできたものだ。

豊臣秀吉が亡くなると、権力をつかもうとする徳川家康と石田三成が対立した。家康は独断で秀吉の居城であった伏見城に入って、ここで政権を取り始めたのだ、三成は激怒し、二人は一触即発の状況になった。家康は戦《いくさ》を起こして一気に三成を滅ぼしたい。しかし戦を起こすには、それなりの大義名分がいる。

そこで家康は罠《わな》を仕掛けようと思い立った。家康がわざと伏見城を留守にすれば、必ずや三成が城を取り返そうと攻めてきて、手薄な留守の家臣を滅ぼすに違いない。

そうしたら、家康には三成に報復する口実ができる。そこでもどって一気に三成を滅ぼそうというのだ。

そこで上杉家征伐を口実にして、家康は会津に向かい伏見城を留守にすることにした。

さらに家康は留守の間、伏見城を守れる家臣は、忠義に篤い鳥居元忠しかいない、とにらんでいた。家康は鳥居とその部下一〇〇〇名に留守居役を任せて、会津に向かった。

鳥居たちは、家康が戦を起こす口実をつくるためのおとりになったのだ。鳥居元忠もそんなことはわかっている。三成が攻めてきたら城を枕に討ち死にする覚悟を決めていた。

家康が会津に発つと、予想通り三成が伏見城に攻め込んできた。元忠と一〇〇〇名の部下たちは必死で応戦するも、敵は何と九万もの大軍である。それでも元忠たちは一二日間、戦い続け、ついに敗れて元忠はじめ生き残っていた三百八十余名の武士たちも自刃して果てたのである。

このとき、戦で果てた者の遺骸から流れる血と、自刃した将兵たちの血が飛び散って廊下の板にしみ込んだのである。彼らの遺骸はひと月余りもそのまま放置されたという。そのため遺骸の跡や血痕が生々しく、くっきりと廊下の板についたのだ。元忠と部下たちの無念の思いとともに、しみ込んだ血は二度ととれなくなったという。

家康への忠義から犠牲になった元忠のおかげで、家康は三成と戦う口実ができ、この後関ヶ原の戦いで天下を取るに至ったのだ。

家康の息子秀忠の妻の崇源院は、この血痕が残る板をもらい受けて、養源院の天井にはめ込み、討ち死にした将兵たちを弔ったのだ。

現在も養源院の血天井は生々しく、苦しみながら死んでいったと思われる手や身体の跡が見られる。自刃した将兵たちのうめき声が聞こえてくるような天井である。

養源院

淀君が父の浅井長政の供養のために、秀吉に願って建立した。不気味な「血天井」が生々しいかたちのまま残っている。

晴明神社（せいめいじんじゃ）

じつはこの人物の怨念が渦巻く神社

京都市上京区晴明町八〇六—一
市営地下鉄烏丸線「今出川駅」下車徒歩15分

優雅な王朝文化が花開いた平安京だが、じつは平安時代の貴族や天皇は、怨霊や鬼、もののけが都に出没すると信じて恐れおののいていた。そこで王朝では呪術や占術を用いて怨霊や鬼を退治する陰陽師《おんみょうじ》がもてはやされた。

なかでも安倍晴明《あべのせいめい》は平安時代に活躍し、恐るべき呪力を発揮した天才陰陽師であった。その晴明を祀る神社が堀川通一条の一条戻橋の近くに立つ。

安倍晴明は九二一年に生まれ、一〇〇五年に死んだとされる。土御門《つちみかど》家の祖となっているが、この安倍氏の土御門家は明治時代は子爵になっているから、晴明はれっきとした実在の人物であろう。

一説には第八代孝元天皇の子孫であるというから、位の高い人物だったようだ。天文暦学の道をきわめ、霊術を操って歴代天皇の側近として仕えたという。

ところが、晴明の父はわかっているが、母は白狐だったという伝承がある。だがこれは晴明の霊力が人並み以上のものであったことから生まれた伝承である。

京都の堀川通に面して建つ晴明神社は、京都の神社にしてはこじんまりとしているが、晴明の人気が高く、パワースポットといわれ、訪れる人は多く、みな晴明の霊力にあやかろうとしている。

境内には清明が念力で湧きださせた「晴明の井」という井戸があり、湧き出す水を飲むと霊力がつくという。

石の井戸の上に五芒星《ごぼうせい》のマークがついている。この星は天地五行を形どったもので、魔除けの印とされている。

境内に至るところに、この五芒星がほどこされているのが、何とも不思議な異界の雰囲気を味あわせてくれる。

この神社は、もとは晴明の住まいであったところで、晴明が亡くなってから、一条天皇が一〇〇七年に晴明の霊を鎮めるために祀って創建したという。

かつては現在よりはるかに壮大な敷地を持つ神社だったが、応仁の乱やたびたびの戦火で縮小し、現在の大きさになったという。

晴明神社

晴明の井戸

ところが、戦国時代には千利休がここに住んでいた。利休は「晴明の井」から湧き出る水でお茶をたてていたという。どういう経緯で利休がこの神社に住むに至ったのかは不明であるが、利休は秀吉の怒りをかったために、この地で自害して果て、その首は神社近くの一条戻橋の上にさらされている。

最強のパワーが得られるパワースポットとして人気が高い神社だが、じつはここには秀吉によって自害させられた利休の恨みと怨念が渦巻いているのだ。

晴明のパワーで利休の怨念を鎮めているのだ。

そうしてみると、魔除けの五芒星も奇怪で、ミステリアスな神社である。

鯖ずし

寿司の起源は、握りずしではなかった。現在の寿司のように酢を用いたものではなく、「なれずし」といって、魚や獣肉、野菜などを塩と米飯で乳酸発酵させたものだった。酢ではなく乳酸発酵によって酸味が生じるもので、これが本来の鮨の形である。江戸前の握りずしや巻きずし、押しずしなどが出回ったのは江戸時代で、それまで日本人は長いこと、この魚を発酵させたなれずしを食べていたのである。

現在のように、鯖を塩と酢でメてひと晩寝かせてつくる鯖ずしが家庭でつくられるようになったのは江戸時代からのことで、京都の名産。

当時、海から遠く離れた京の都には魚が手に入りにくかった。そこで、日本海側の若狭地方で水揚げされた鯖に一塩してから、若狭街道を一昼夜寝ずに歩いて運んだという。そこで、この若狭街道を鯖街道という。起点の若狭小浜から終点の京都の出町まで約80キロの道のりであった。鯖は傷みが早いので、塩をして鯖街道を歩くと、京都に着くころにちょうどいい塩加減になったという。そこで、京都の庶民は、ちょうど塩加減がととのったこの塩鯖を、さらに酢でしめて味をととのえ保存がきくように棒ずしにした。

この棒ずしが鯖ずしで、京都の庶民は、祭などのハレの日には、必ず鯖ずしをつくって祝ってきた。庶民の知恵であり、ハレの日の御馳走であった。その風習はいまも変わらない。各家庭でつくる鯖ずしにはそれぞれの家庭の味がある。いわば京都の「おふくろの味」でもある。

祭の日にはどの家でも鯖ずしをつくり、それを子供たちが近所の家におすそ分けに配りに行き、お駄賃をもらうのも楽しみの一つだった。

庶民に愛されてきた鯖ずしを商品として売り出して世の中に広めたのが、鯖ずし発祥の店として知られる「いづう」である。

「いづう」は天明元年（一七八一）の創業で、二〇〇年以上の歴史を誇る。初代の創業者であるいづみや卯兵衛が、ハレの日の御馳走として京都庶民に愛されてきた鯖ずしに着目して、店を構えて売り出したところ、大評判になったという。いづうはいまも変わらず代々にわたって、京都祇園に店を構え、伝統の味を守り続けている。

第5章

京都は日本のナンバーワン！

わが国初の小学校は京都につくられた！

上京第二十七番小学校（現・京都御池中学校）

京都は、古くから歴史文化の中枢であったため、庶民にも教育熱心な気質が芽生えた。明治になって東京に首都が移るまでは学問の中心地は京都であり、僧侶、学者、公卿などの知識人が集まっていたのだから当然である。さらに仏教書、美術書などが盛んに出版されたし、物語や娯楽小説の出版も京都で最初に始められた。

日本に最初に小学校ができたのは、首都東京ではなく京都であった。

明治新政府は欧米の学校制度にならって、明治五年（一八七二）に近代教育制度を定め小学校、中学校をつくったが、それまでは武家の子供が通う藩校や私塾、寺子屋が学校代わりであった。

京都では明治政府がこの新しい教育制度を定める三年も早く、全国に先駆けて小学校をつくった。明治二年（一八六九）五月二日に開校した上京《かみぎょう》第二十七番小学校が日本で初めての小学校である。

幕末の動乱と明治維新の東京遷都で京都は文化も経済も衰退しかけていた。

そこで、京都の町衆は京都の活性化のため、優れた人材を育ててすべての子供が平等に教育を受けることができる小学校をつくろうと立ちあがった。

京都には室町期から「町組」という町の自治組織があり、それを構成する住民を町衆といった。自治と団結力が強く、町の行政を担っていた。

その町組が明治元年に「番組」という名に変わり、上京区・下京区のそれぞれに六四の番組がおかれた。

現在も京都には「学区」という自治組織があるが、この番組が引き継がれたもの。

また、京都近代化のため小学校設立に一生懸命つくしたのが、当時の京都府参事で後に知事になった槇村正直《まきむらまさなお》と山本覚馬《やまもとかくま》だった。

山本覚馬は、会津藩士でＮＨＫ大河ドラマ『八重の桜』の主人公・新島八重の兄である。覚馬は戊辰戦争で明治政府に敵対した会津藩士だったが、優れた人物であったので、槇村知事が顧問に採用した。

こうして一つの番組に一校ずつの小学校の建設がすすめられ明治二年、上京第二十七番小学校の開校を皮切りにその年の一二月までに六四の全校が開校した。

京都の町衆がお金を出し合って町衆が運営した公的な学校である。全国を見ても、六四もの学校を住民たちでつくったのは京都だけであろう。

この小学校は後に柳池小学校と名を変え、昭和二二年に柳池中学校になり、平成一五年に京都御池《おいけ》中学校となった。現在の京都御池中学校には「日本最初小学校　柳池校」の石碑が建つ。

現在の御池中学校もじつにユニークである。校舎は京都のメインストリートである御池通に面し中学校にしては大きな外観である。

これは中学校に併設して保育所、老人サービスセンター、市役所の一部、カフェなどの商業観光施設などが一体となった複合施設「京都御池創生館」がつくられているため。中学校の校舎がこのような複合施設になっているのは、おそらくこれも日本初であろう。

地位住民と一体となって運営された上京第二十七番小学校の理念と伝統を継承していることがうかがえる。

現在の御池中学校

日本最初小学校 柳池校の石碑

女学校も京都が最初につくった！

新英学校及女紅場（現・京都府立鴨沂高校）

明治二年に小学校、明治三年に中学校をつくった京都は、明治五年（一八七二）に、公立女学校も開校した。前項で中学校がつくられて間もなく、京都には英学校とドイツ学校、フランス学校の欧学舎がつくられ、女子がさかんに学んだことは述べた。

当時、京都府の実力者で知事になった槇村正直に女子教育の必要性を説いて、女学校の設立を要望したのが新島八重の兄山本覚馬だった。そこで、京都府は明治五年（一八七二）四月に欧学舎の英学校と女紅場を合併して「新英学校及女紅場」を開校した。

これが日本初の女学校で、後に京都府立京都第一高等女学校（府立第一高女）を経て現在の京都府立鴨沂《おうき》高校となった。

「女紅場」とは女子に裁縫や手芸、読み書きそろばんを授けた教育機関のことで、一八七〇年以降、全国各地につくられた。貧しい家の子女や芸妓、娼妓なども対象に教育を授けることを目的としていた。

「新英学校及女紅場」はこれとは別のもので、華族、士族の家の子女や指導的立場にある家の婦人が通った。家事・一般教養に加えてイギリス人教師による英語教育が行われた。新島八重は兄覚馬の推薦でこの女学校の教師になっている。

京都にはこのエリート的な新英学校及女紅場が開校してから各学区ごとに小学校内に「市中女紅場」がつくられていった。また島原や祇園の芸舞妓に裁縫などを教える「遊所女紅場」もつくられた。このように京都では、明治の初めから良家の子女から庶民の子女まで、学校に通って学ぶことに熱心だった。

だがじつは、東京にも明治五年三月に女学校がつくられた。それが官立東京女学校で、これが現在の、お茶の水女子大学付属中学校・高等学校である。

京都の「新英学校及女紅場」は明治五年四月開校。官立東京女学校は明治五年三月開校。わずか一カ月だが、東京のほうが早いようだ。だが、京都の女学校は「新英学校及女紅場」の前身であった英学校がスタートである。この英学校は明治四年につくられ、女子が大勢入学して学んでいたのだから、京都の女学校が日本初の女学校といえるだろう。

新英学校及女紅場

日本初の女学校で、のちに現在の京都府立鴨沂高校となった。

音楽教育は京都が一番！

京都市立堀川高校音楽課程

京都は音楽教育に熱心で、近代音楽教育の先駆けの街である。

明治政府は子どもの音楽教育に力を入れるため、明治一二年（一八七九）、文部省に音楽取調掛を設置したが、戦争のため十分に実践できなかった。だが、昭和になって太平洋戦争が終戦を迎えると、京都は全国に先駆けて西洋音楽を教育に取り入れる。昭和二三年（一九四八）、全国で初めて公立高校に音楽科をつくったのだ。

それが京都市立堀川高校の音楽課程である。

しかし終戦直後で、京都市はお金がなくて楽器すら用意できない。そこで音楽教育を始めたいと熱望する京都市民に応えて、地元の企業が援助した。京都西陣にあった日本クロス工業が、当時は非常に高価だったピアノを五台も寄贈した。これによって、堀川高校の音楽課程はスタートすることができた。

また、京都で音楽教育が初めて行われたのは高山義三という人物の力も大きい。高山は、昭和二五年から昭和四一年まで四期一六年にわたって京都市長をつとめた人物で、クラシック音楽の大ファン。当時は終戦直後で社会が混乱するなか、青少年の不良化が心配されていた。そこで彼はクラシック音楽を京都に普及させることで青少年を健全に育成しようとしたのだ。堀川高校の音楽課程をつくるために奔走し、学校や公園で無料の演奏会を開き、少年合唱団をつくり、京都市交響楽団までつくってしまった。

堀川高校の音楽課程は誕生の翌年の夏には初めて演奏会を開き、市民からは「堀音《ほりおん》」という名で呼ばれて親しまれることになる。

昭和二五年（一九五〇）には、音楽専攻科が設置され、続く二七年（一九五二）には専攻科が京都市立音楽短大（現・京都市立芸術大学）となり、平成九年（一九九七）には音楽課程は京都市立音楽高校に分離独立し、日本初の公立学校で高校から音楽を専門に学べる独立校となった。京都コンサートホールで定期演奏会を開催したり、ヨーロッパへの音楽研修旅行があることで人気の学校で、中京区の油小路通御池の二条城前に校舎が建つ。

京都市立堀川高校

全国で初めて昭和23年に公立高校に音楽科をつくった。誕生の翌年には学生たちが初めて演奏会をひらき、「堀音」の名で親しまれた。

盲学校・聾唖学校も京都が発祥の地！

瘖唖教場（現・京都府立盲学校）

日本初の視聴覚障害児のための学校も、京都の町衆の強い結束力と自治力によりつくられた。それが「盲唖院」で、初代校長の古河太四郎は、設立のために骨身をけずって努力し、視聴覚障害児教育のパイオニアとなった。

明治二年（一八六九）に上京第十七番組小学校が開校するとともに古河太四郎はこの学校の教師になった。その後、明治五年（一八七二）に、第十七番組小学校は上京第十九区小学校となり、明治八年（一八七五）に待賢小学校と名前を変えた。

この頃、第十九区の区長だった熊谷伝兵衛は、同区内の聾児三人が学校に行かれず近所の子供たちにいじめられているのを見て、何とかこの子供たちにも教育を受けさせたいと考えていた。同様のことを考えていた古河と熊谷は、協力して明治八年（一八七五）に待賢小学校に「瘖唖《いんあ》教場《きょうじょう》」を開設し聴覚障害児を迎え入れてその教育を始めた。これがわが国の聴覚障害児教育の始まりである。

その後、明治一〇年（一八七七）には視覚障害児も受け入れて教育を開始し、明治一一年（一八七八）には日本最初の視覚障害児と聴覚障害児の学校「盲亜院」を東洞院通《ひがしのとういんどおり》押小路《おしこうじ》下ルに開設した。

盲唖院の教師の給料は各学区の町衆が負担し、子供たちが人力車で通学できるように協力し合ったり、各学区で盲唖院の運営を支えあった。

古河は苦心して指導法を開発し、教具類もさまざまに工夫してつくり出した。視覚障害児のために「木刻凸字」や「凸形京街図」「凸形地球儀」などを制作したが、その模型作りの技術のレベルは驚くほど高いという。

京都にはすべての子供に平等に教育を授けようという熱意と、それを支える技術や文化が備わっていたのだ。

翌明治一二年には釜座通《かまんざどおり》丸太町上ルに移り、京都府の認可を得て「京都府立盲唖院」となった。これが後に現在の京都府立盲学校になる。

東京では明治一二年（一八七九）に視覚障害児だけの学校ができ、聴覚障害児教育も合わせた「訓盲唖院」がつくられたのは明治一七年（一八八四）だから、京都は東京よりもずっと早い時期から視覚障害児、聴覚障害児の教育に取り組んでいたのだ。

現在、京都には日本の視聴覚教育発祥の地の石碑が三カ所に建っている。

まず、明治八年（一八七五）に開設した待賢小学校の「瘖唖教場」跡の碑が猪熊通下立売下ルに一つ。明治一一年（一八七八）に開設された東洞院通押小路下ルの「盲亜院」跡に一つ。明治一二年に釜座通丸太町上ルに移された「京都府立盲唖院」に一つ。

いずれも京都が誇る発祥の地である。

箱根駅伝発祥の地は京都だった！

三条大橋

駅伝は日本が生んだ競技で、最近では海外でも「ＥＫＩＤＥＮ」の名で知られている。毎年正月に行われる東京―箱根間往復大学駅伝競走（通称・箱根駅伝）は関東の大学だけだが一〇〇年近い歴史を持ち、大変な人気である。

関東学連加盟大学のうち二〇チームが、東京の読売新聞社前から箱根芦ノ湖までの往復の計一〇区間二一七・九キロを走り抜ける学生の最大の駅伝競走である。各大学の選手がたすきを中継所でつないでリレー形式で走るわけだが、個人競技のマラソンと違い、たすきをつないでいく選手の間にさまざまなドラマが展開するのも魅力の一つだ。

この箱根駅伝が誕生したのは大正九年（一九二〇）のこと。初めてストックホルム五輪に出場し「マラソンの父」として知られる金栗四三《かなぐりしそう》らが世界に通用するランナーを育成したいと始めた。

この日本が誇る箱根駅伝の発祥も、じつは京都である。

京都市の東山区にある三条大橋の東側のたもとに「駅伝発祥の碑」が建ち、「駅伝の歴史ここに始まる」と刻まれている。

大正六年（一九一七）四月二七日、日本で初めての駅伝が京都三条大橋からスタートした。ここから上野の不忍池《しのばずのいけ》までの全長約五一四キロ、二三区間を三日間、昼夜を問わず走り続けるという過酷なレースだった。

読売新聞社の主催で正式名称は「東京奠都《てんと》五十年奉祝・東海道駅伝徒歩競争」といった。

東京奠都五十周年記念に何か新しい運動競技をしようということになり、当時、読売新聞社会部長だった土岐善磨が駅伝を思いついたという。

明治元年（一八六八）に明治天皇が京都を出発して江戸城に入ったルートをたどろうと、東海道を京都から東京上野不忍池に向かって走ることになった。

このレースは関東と関西の二チームのみで、スタートは関東が一高の飯塚博、関西が愛知一中教諭の多久儀四郎であった。

当時はコース途中の天竜川や木曽川など大きい川に橋がなかったので、選手はなんと、渡し船で川を渡った。

さらに、コースには街灯などなかったので、夜は選手を囲んだ大集団が手にカンテラや懐中電灯を持ってコースを照らしたという。

難所の箱根の峠越えでは深夜になり、カンテラ、懐中電灯を振る二つの大集団が真っ暗闇の箱根峠を苦労して乗り越えたという。

関東チームの最終ランナーは当時二七歳だった金栗四三。彼は明治四五年（一九一二）のストックホルム五輪のマラソン競技に日本人選手として初めて出場したランナー。最終ランナーとして上野不忍池を一周した金栗は、大観衆の喝采を浴びてゴールし、大きな感激に包まれた。

結果は関東チームの勝利だった。このときの感激から金栗は後に箱根駅伝開催を考えるのだ。

大成功を収めた初の東海道駅伝から三年後の大正九年（一九二〇）、箱根駅伝が開催された。金栗四三が箱根駅伝を企画し、各大学や新聞社を回って協力をあおぎ、金策に走り回って開催にこぎつけたのである。

駅伝発祥地である京都は、現在も駅伝がさかんだ。全国高校駅伝、全国都道府県対抗女子駅伝、京都市小学校大文字駅伝、全国車いす駅伝などが毎年開催されている。

三条大橋

三条大橋のたもとに「駅伝発祥の碑」が建ち、日本の駅伝の歴史を伝えている。
初めての駅伝はここから東京上野不忍池までという過酷なレースだった。

人気のサッカーは京都で生まれた！

白峯神宮

近年、ワールドカップ出場で日本のサッカー人気が高まっている。このサッカーの起源にはいろいろな説がある。近代スポーツとしてのサッカーが成立したのはイギリスだが、古代エジプト、古代ギリシャなど古代文明が栄えた地では、ボールを蹴る競技がさかんに行われていた。

中国では紀元前三〇〇年頃の戦国時代に、足で鞠を蹴り合う「蹴鞠《しゅうきく》」という球技が行われていた。これは、二つのチームが対抗して鞠を蹴り合い「球門」というゴールに入れた数を競った。現代のサッカーと同じである。そこで国際サッカー連盟（ＦＩＦＡ）が、世界のサッカーの起源は中国の蹴鞠だと表明して話題を呼んだこともあった。

じつは蹴鞠は日本でも平安時代に大流行していた。中国の蹴鞠は五三八年の仏教伝来とともに日本に伝えられ、日本で独自の発展をとげていった。

平安時代には京都で貴族の遊戯として盛んに行われた。貴族たちは屋敷に鞠場を設けて練習するほどの熱の入れようだった。やがて天皇から公家、武士、庶民に至るまで普及した。中国の蹴鞠は日本では蹴鞠《けまり》といい、個人またはチームで足で鞠を蹴り上げ続ける競技に変化した。

とくに後白河法皇に仕えた藤原頼輔は蹴鞠の技に優れ、子孫がその技を代々伝授した。そこで子孫の難波家と飛鳥井家《あすかいけ》は蹴鞠の宗家として栄えた。難波家は後に衰退したが、飛鳥井家の飛鳥井流は何と現在まで継承されている。

鎌倉時代には後鳥羽上皇が「蹴鞠の長者」といわれるほど好んだという。以来歴代の天皇はみな蹴鞠を愛好された。室町時代には足利義満、義政はたびたび天皇を招いて大会を開いた。戦国時代にも織田信長、豊臣秀吉がさかんに行い、徳川家も江戸城内に鞠場を設けていたという。

日本に蹴鞠を伝えた本家の中国では、その後は衰退して清の時代に蹴鞠は姿を消してしまったが、日本では人気スポーツとなって、じつに現代まで受け継がれてきたのである。

その蹴鞠の発祥の地といわれているのが、上京区の今出川通と堀川通の交差点近くに鎮座する白峯神宮である。じつはこの境内はもと飛鳥井家の屋敷で、蹴鞠がさかんに行われたところ。白峯神宮に祀られている精大明神は蹴鞠の神として信仰され、現在はサッカーはじめスポーツ関係者、スポーツ上達や試合の必勝祈願を願う人たちが大勢参拝に訪れており、境内には、たくさんのボールが奉納されている。二〇〇二年には、日本サッカー協会がワールドカップで使用したボールを奉納している。

現在、蹴鞠保存会が白峯神宮や下鴨神社などで毎年定例の蹴鞠の大会を開催するほか、海外講演も行って蹴鞠の伝統の継承に努めている。

いっぽう、イギリスで始まった近代サッカーのほうはどうかというと、明治六年（一八七三）に東京築地の海軍兵学校に教師として来日したイギリスのアーチボルド・ダグラスが生徒に紹介しておこなわれたのが始まりといわれている。また、明治五年（一八七二）、神戸の外国人居留地で行われた試合が初めてとも伝えられる。

こちらのほうが日本サッカーの起源ではないか、という声もある。もちろん近代サッカーの起源はそうだが、ＦＩＦＡの会長が「サッカーの起源は中国の蹴鞠だ」と発表したのだ。その中国の蹴鞠を継承した日本の蹴鞠がサッカーの発祥ともいえるであろう。

日本で初めてつくられたＳＬの博物館！

京都鉄道博物館（梅小路蒸気機関車館）

情緒あふれる古都のイメージが強い京都だが、じつは京都には近代都市の象徴である貴重な鉄道遺産や鉄道がある。ＪＲ京都駅近くの梅小路《うめこうじ》公園内にある鉄道ファンにはたまらない貴重な鉄道博物館。当初は日本で初めてつくられた蒸気機関車専門の博物館だった。

石炭で走る蒸気機関車（ＳＬ）は明治五年（一八七二）の鉄道開業から一世紀近くにわたり全国を走って活躍したが、一九六〇年代後半からは電車が普及し、しだいに姿を消すことになった。この貴重な鉄道遺産を保存するために、昭和四七年（一九七二）一〇月一〇日、日本の鉄道開業一〇〇周年を記念して、旧国鉄が蒸気機関車の博物館を開設した。

場所は大型ＳＬを保存してきた実績のある京都の梅小路機関区が選ばれた。この機関区は大正三年（一九一四）に京都駅に近い梅小路に設けられて、東海道本線や山陰本線で使用されたＳＬが多数所属する大機関区であった。

また機関区内にある扇形車庫《せんけいしゃこ》は、大正三年（一九一四）に建設された、これも日本初の鉄筋コンクリート造の扇形車庫だ。扇形車庫とは、蒸気機関車をしまう車庫で、その姿が扇を開いた形に見えることからこう呼ばれる。梅小路機関区の扇形車庫は規模も日本最大で、国の重要文化財。この扇形車庫に人気のSL「D51」「C51」などがズラリとそろった光景はじつに見事な迫力があり、鉄道ファンならずとも感動する。

現在、ここには二〇車両が収容展示され、そのうち七両が動態保存されている。動態保存とは、現在も線路を走ることができる状態であるということで、七両ものSLが動態保存されているのは日本でもここだけである。

七両のうち二両は山口線のSLやまぐち号や北陸本線のSL北びわこ号として実際に本線上を運行し、他の五両は梅小路館内の展示運転線で運転されている。

SLを人間にたとえれば九〇歳を超えたご老体である。それが現役と同様に走るのだから、梅小路の機関士や整備士の技術と努力は大変なものだ。

ここは、これら機関車展示館と資料展示館の二つの施設からなる。資料展示館の建物は、明治三七年（一九〇四）に建設された、これも日本最古の木造駅舎だった京都の二条駅の駅舎を移して復元したもの。平安神宮をモデルにつくられた純和風の情緒たっぷりの建物で、京都市有形文化財に指定されている。

施設内ではＳＬに実際に乗ることができ、また転車台から扇形車庫にＳＬを納める貴重なシーンを見ることもできる。そのため子供連れの家族や鉄道ファンに大人気だった。

さらにうれしいことには、蒸気機関車館に隣接して二〇一六年に新たに鉄道博物館が建造された。ＪＲ西日本が二〇一三年に着工し、一六年に開業した。蒸気機関車館と合わせた展示面積は約三万一〇〇〇平方メートルで、現在、さいたま市にあるＪＲ東日本の鉄道博物館を上回る日本最大規模となった。

蒸気機関車から新幹線まで、歴史的に価値の高い車両を五四車両も展示しているので、鉄道ファンにはこれまたこたえられない。

資料展示館の建物

梅小路機関区の扇形車庫

写真提供／京都新聞出版センター

日本のフランスパンは京都で生まれた!

進々堂

京都人は歴史や伝統を重んじるが、そのいっぽう「新しモノ好き」でもある。「食」に関しても、ご飯に味噌汁といった和食のイメージが強いが、じつは京都人は洋食好き、パン好き、コーヒー好きである。

総務省の家計調査によると、平成二〇～二二年のパンの年間購入量の全国一位は京都なのだ。じつは京都市内にはパン店が多い。京都市の中央を通る今出川通は、通称〝パンストリート〟と呼ばれているほど手作りのパン店が多く、テレビのグルメ番組でもよく取り上げられている。

ではなぜ京都人はパンが好きなのか。

一つには京都人の「新しモノ好き」で反骨、合理的な気質からだといわれる。二つには京都には小さな家内制手工業の店が多いからだという。パンストリートの界隈はもとは西陣織の産地。現在は着物産業が低迷したため、西陣織の町家は減ってしまったが、織物業が全盛だったころは、この辺りには家内制の小さな店や工場の町家がたくさんあった。

職人たちは多忙なため、朝食や昼食は、仕事をしながら片手でも手早く食べることができるパン食が多かった。パンといえば、コーヒーがつきもので、コーヒーの購入量も京都市は全国三位である。

そして京都で手作りパン店といえば、人気なのが進々堂である。市内に一二店があり、焼き立てのフランスパンはじめ手作りのパンを売り、併設してレストランやカフェが人気の老舗だ。

この進々堂は、じつは日本におけるフランスパンの発祥の店なのだ。進々堂によると、創業は大正二年（一九一三）。なんと一〇〇年の歴史を誇る。創業者の続木斉《つづきひとし》は詩人でクリスチャン。若いころに内村鑑三の門下生であった。同じ門下の友人久次郎の妹と結婚。その友人がパン屋を開業したが、体を壊したため続木が店を引き継いだのが始まりである。

やがて店は大繁盛した。そこで詩や芸術を愛していた続木は、フランスパンの製造技術と西洋文化を学ぶため、まず京都大学でフランス語を学んだ後、大正一三年（一九二四）日本人初のパン留学生としてパリに渡った。

二年後に帰国すると、京都でさっそくフランスパンの製造を開始したが、気候も素材も違う京都で本場の味を再現するのは困難を極めたという。

苦労の末に完成したのが、皮がパリッと香ばしく焼けたフランスパンであった。この焼き立ての香ばしさが、新しモノ好きな京都人に大いに受けて大評判となったのである。

しかし、当時すでに東京ではスイスのチャーリー・ヘスが開業したチャリ舎がフランスパンを製造販売していた。また、フランス人の司祭ペトロレイが設立した小石川関口教会製パン部がフランスパンの製造販売を開始していた。

では東京のほうが早いのでは？　と思われるかもしれないが、どちらも外国人の創業、経営であった。日本人がフランスで学んで日本人が製造販売したフランスパンは、京都進々堂が発祥である。

北白川の京都大学正門前に、昭和初期のレトロでモダンなカフェがある。昭和五年（一九三〇）にオープンし、これもまた京都初とされるフランス風喫茶店「進々堂　京大北門前」である。かつては著名な文豪や学者たちが足しげく通って議論に熱中していた。

続木にはパリに留学した際に目にしたカルチェ・ラタンの光景を京都の町に作りたいという夢があった。常に学生やアーティストたちがカフェで語り合うカフェ文化を京都に普及したかった。そこで京都大学北門前にパリのカフェを模して、京都初のフレンチカフェをつくったのである。

それから八〇年がたったが、いまも京大前の進々堂は京大生やこの店のファンなどでいっぱいである。

「我はパン造りなれば今日も　よきパンと共に出でて世に働かん」

これは続木斉の詩『真実の生活』に綴られた言葉である。丹精込めたパンづくりで社会に奉仕しようという続木の精神は、一〇〇年に及ぶ進々堂の歴史を支えてきたのである。

進々堂

日本におけるフランスパン発祥の店。
創業は1913年で100年の歴史を誇る。

ビアホールは京都に初めて登場した！

アサヒビールのビアホール

日本で初めてビールが作られたのは、江戸時代末期の嘉永六年（一八五三）、江戸で化学者・蘭学者の川本幸民が、蘭書を参考に醸造したのが最初だという。

それ以前、文化九年（一八一二）に長崎の出島でオランダの商館長によって醸造されているが、日本人の手によるものは川本が最初である。だが商業的に販売したのではなく化学実験的なものだった。

明治になると、日本で初めてのビール醸造所が横浜に設立された。明治三年（一八七〇）に米国人のウイリアム・コープランドが醸造所「スプリング・バレー・ブルワリー」を設けて販売を開始したが、居留外国人向けのものだった。これが後の麒麟麦酒、現在のキリンビールである。

日本人の手によって商業的なビールが初めて造られたのは、明治五年（一八七二）、大阪の綿商人だった渋谷庄三郎で大阪の堂島に醸造所を設けて本格的に醸造・販売を開始した。現在も大阪堂島醸造所跡には「国産ビール発祥の地」の石碑が立つ。

明治の日本人はビールが好みに合ったようで、地方でも地ビールがさかんにつくられて醸造所が設立される。

明治九年（一八七六）には北海道の札幌に北海道開拓使札幌麦酒醸造所が設立されて札幌ビールを発売。これが現在のサッポロビールだ。

その後も日本麦酒がエビスビールを、大阪麦酒（現・アサヒビール）が旭ビール、東京麦酒が東京ビールを製造販売している。

では、ビアホールの始まりはいつ、どこからなのか。じつは意外にも京都なのだ。

明治二八年（一八九五）、平安遷都一一〇〇年を記念して京都岡崎で開催された第四回内国勧業博覧会の会場に、大阪麦酒株式会社がアサヒビールの販売所を設けて、生ビールを提供した。

そのときの販売所の絵が現在のアサヒビールに残っているが、かなり立派な大きなビアホールである。

当時、鉄道で一時間半という距離にある吹田市の大阪麦酒工場から生ビールを運んだという。さらに、ビアホールにもドイツの会社につくらせた機械を置いて、蒸気によって運転して生ビールを提供したところ、たいへんな人気となって大盛況であったという。

このビアホールは内国勧業博覧会が終了すると大阪の中之島に機材や設備すべてを映して、「ゼルマン風流ビール会」の名で宣伝を目的としたビアホールとして数日間営業した。翌二九年には「アサヒビール会」の名で夏の一ヵ月間だけ営業したところ、大人気となった。翌三〇年には中之島の大江橋南詰に、本格的ビアホール「アサヒ軒」をつくり、生ビールと洋食をメニューにした。

その二年後の明治三二年には、東京の銀座八丁目に日本麦酒株式会社が「恵比寿ビアホール」を開いている。

したがって、明治三〇年に開設されたアサヒ軒を、日本初のビアホールとする声もあるが、実際にビアホールが営業した最初は、明治二八年京都の内国勧業博覧会会場であった。

気球は京都で初めて飛んだ

島津製作所

明治時代になると、日本は外国に遅れまいとして近代化や科学技術の発展を急いだ。京都はその近代化において、首都になった東京よりも熱心で革新的だった。

この頃、京都に優れた発明家で科学者が誕生した。日本の近代化が成功したのは、京都のこの人物のおかげともいえる。

京都に現在もある島津製作所の創立者である初代島津源蔵と、二代目の源蔵親子だ。二人は京都で近代的な機械を次々に発明し、「日本のエジソン」といわれた。

島津製作所は、現在、精密機器、医療機器、航空機器などの開発を手がける企業。二〇〇二年にノーベル化学賞を受賞した田中耕一氏が勤務していることでも知られる。

初代島津源蔵は、江戸時代末に仏具職人の家に生まれ、京都木屋町で仏具製造業を営んでいた。明治になって京都は殖産興業、科学振興に力を入れ、明治三年（一八七〇）に理化学の授業と工業製品の製造開発を行う京都舎密局《せいみきょく》を設けた。それが源蔵の店の近くで、源蔵は舎密局に出入りするようになり、さまざまな技術や知識を身につけ、これからの日本には理化学が必要であることを痛感し、明治八年（一八七五）、店を理化学器械の製造に転じた。

それからの源蔵は、「物理化学の器械で東京でできないもの、費用が莫大にかかるものも費用をかけずにつくり上げた」といわれるほどの天才ぶりを発揮した。

明治一〇年、京都府知事の槇村正直らが源蔵に人が乗れる気球の製作を命じた。世界初の気球は一七八三年にフランスで揚げられた。物理学者シャルルとその弟が水素ガスを使った気球をパリの空に飛ばして大評判になった。そこで知事らは京都で気球を開発すれば、東京に首都が移って衰退しかけていた京都の活性化となり、京都が最先端の産業都市となると考えたのだ。

しかし舎密局には人を乗せて空を飛ぶ気球をつくる知識や資料は何もなかった。源蔵が渡されたのは外国雑誌に載っていた一枚の気球の絵だけであった。

さすがの源蔵もこれには苦労した。気球は丈夫で気密性に富み、軽くなければならない。気球の本体を何でつくればよいのかわからず、失敗や試行錯誤を繰り返した。そしてついに絹の羽二重にエゴマで溶いたゴムを塗って球体とすることを発明した。

さらに源蔵は島津の取引先である三崎商店という木工店の店員を気球に乗せる人物に選んだ。小柄で軽い人物だったからだという。

こうして明治一〇年一二月六日、京都御苑内の仙洞御所の広場で気球を揚げることになった。そのときの様子が描かれた絵図が島津創業記念資料館に展示されている。

会場には初の気球飛行を見ようと、大勢の人が押し寄せ、小学校や女学校からも生徒の一団が見物にやってきて大観衆でごった返したという。

大観衆が固唾をのむなか、気球は三崎商店の店員をゴンドラに乗せて約三六メートルも揚がり、日本初の有人飛行に成功した。

大観衆は拍手喝さいで湧き、京都府は会場の入場料で大きな収益を上げた。これによって、京都は東京よりも近代化や科学技術が進んだ都市であることを全国に示し、島津源蔵の名を知らしめたのであった。

水力発電所は京都で生まれた

琵琶湖疏水

京都は水が豊かな街である。市内には鴨川、桂川、宇治川、木津川が流れ、近くにはわが国最大の琵琶湖がひかえる。京都市の生活や産業を支える水源の多くは、この琵琶湖からの水である。

現在は琵琶湖疏水（水路）によって、京都市内に運ばれているが、かつては疏水がなく、京都市内に琵琶湖の水を引くことは長年の夢であった。

北陸や近江の物資は琵琶湖を船で大津まで運ばれ、そこからは陸路を京都まで運ばれたが、途中の逢坂山や日ノ岡峠の山越えは大変な難所であった。

これを解消するには疏水を京都まで引いて船で物資を運ぶことであった。また疏水は京都の田畑を潤す水源としても欠かせなかった。

そのため古くは平清盛や豊臣秀吉も考案していたというが、実現には至らなかった。

明治になると、首都が東京に移された京都は殖産興業に力を入れ近代化を目指したが、難点があった。京都は工業原料に乏しく、内陸の盆地にあるため石炭の産地からも遠く入手が困難だった。

そこで、疏水で琵琶湖と京都を結び、さらに淀川で大阪と結び、琵琶湖から大阪湾までの輸送ルートを開拓することが不可欠となった。

この難工事に挑んだのが、当時の京都府知事であった北垣国道で、疏水建設の主任を工部大学校（現在の東京大学工学部）を卒業したばかりの田辺朔郎に任命。巨額の資金がつぎこまれ、約四〇〇万人が工事に携わったという。長等山のトンネルは当時では最長の二四三六メートルで最も難工事であった。

しかし他にも難題があった。琵琶湖の水路を京都まで延ばすと、蹴上の舟溜から南禅寺の舟溜までの約五〇〇メートルの距離に三六メートルの高度差が生じるため、船が先に進めなくなってしまうのだ。そこで田辺は「インクライン」という傾斜レールを敷いて台車に船を乗せて運ぶ傾斜鉄道を考案した。これはわが国初の試みであった。しかし船を運ぶ鉄道には膨大な電力が必要だった。

疏水工事中の明治二一年（一八八八）、田辺はアメリカ・コロラド州に開業した世界初の水力発電所を見学し、インクラインに必要な電力を水力発電で供給することを決定。帰国すると水力発電所の建設を疏水工事に追加した。こうして日本初の事業用水力発電所が明治二四年（一八九一）、蹴上に完成した。

水力発電によって得られた電力はインクラインだけでなく、京都市内に電力を供給し、日本初の路面電車を走らせ、西陣織物産業はじめ工場の電気化を促進し、産業発展の原動力となったのである。

総延長約二〇キロにおよぶ琵琶湖疏水の建設と二四三六メートルの長等山のトンネル工事は日本初の快挙であるし、インクラインという傾斜鉄道も日本初。事業用水力発電所も日本初と、ここには京都が誇る日本初の近代技術が集まっている。

いまも蹴上発電所は関西電力により運営されている。その近くには舟を台車に乗せて走ったインクラインの史跡が残り、蹴上疏水記念公園が設けられて田辺朔郎の銅像や碑が設けられている。

ねぶた祭りの発祥は京都

東北三大祭りの一つ青森県のねぶた祭りは有名だ。青森のねぶたは八月の初旬に行われ、全国的に有名なのは青森市の「青森ねぶた」と弘前市の「弘前ねぷた」だが、じつは県内各地には浅虫市の浅虫ねぶた、つがる市の稲垣ねぶたなど四〇以上のねぶた祭りがある。

青森県では、夏が近づくと町じゅうがねぶた祭り一色に染まり、ねぶたバカといわれる人たちが祭りの準備にとりかかる。祭りの当日には六日間で全国から数十万人もの人たちが青森にやってくる。

この東北を代表するねぶた祭りだが、じつは発祥は京都だという説がある。ねぶた祭りの起源についてはいろいろな説があり、定かではないが、七夕祭りの灯籠流しから始まったという説が一般に言われている。

奈良時代に中国から伝わった七夕祭りやけがれを川や海に流す禊祓いや古くから東北地方で行われていた風俗などが結びついて、ねぶた祭りに発展したといわれる。

では、なぜねぶたは、あのように鮮やかな絵をつけた巨大な山車燈籠が市内をまわることになったのか。

興味深い伝説として、坂上田村麻呂が起源という説がある。平安時代の初め、京都の朝廷に従属することを拒んでいた奥州の蝦夷を討つために、坂上田村麻呂は征夷大将軍となって大軍を率いて東北に攻め込んだ。

このとき、坂上田村麻呂は地理的にまったく不慣れな地での戦は不利と考え、大きな燈籠をつくって、タイマツに火をつけ、太鼓や笛、鐘を鳴らして蝦夷をおびき出したという。

この燈籠がねぶたのルーツという説があるが、田村麻呂は津軽までは遠征していないので、この説はあくまで伝説とされている。

もう一つの説は、文禄二年（一五九三）、弘前藩初代藩主の津軽為信が、京都に来た時、奇抜で巨大な燈籠をつくらせて京の町を練り歩かせ、豊臣秀吉に披露したという。この大燈籠は秀吉を大いに喜ばせ、日頃、田舎ざむらいとバカにされていた津軽藩の武士の面目を施したという。そこで、津軽ではこの年以降、年中行事となり、これが現在のねぶたに発展したという。つまり、ねぶたの第一号は京の町を練り歩いた燈籠であったのだ。

しかも、ねぶた祭りの山車の曳き方、運行方法、提灯の灯り、お囃子などは、京都で平安時代から行われている祇園祭の山鉾巡行と同様で、おそらく祇園祭が起源ではないかとの説がある。

　さらには、京都の東山区にある粟田神社の粟田祭がねぶたの大燈籠の起源という説がある。粟田神社は、平安時代の貞観一八年（八七六）に清和天皇の勅願によって創建されたといわれ、長い歴史を持つ。この神社の毎年の例祭が粟田祭で、毎年一〇月一二日から一五日まで行われる。この祭りの最初の夜に行われる夜渡り神事では、ねぶたの山車燈籠のように巨大で奇抜な粟田大燈呂が町内を練り歩く。

　じつはこの粟田大燈呂が青森ねぶたのルーツという説があるのだ。津軽為信が初めて燈籠を披露するよりも以前である。『言継卿記』に、「粟田大燈呂は大きな燈籠が二〇もあり、その大きさは約三・六メートル四方で、前代未聞でたいへん驚いた」と記されている。為信はおそらくこの粟田大燈呂の真似をしたのだという。

　また、こんな説もある。祇園祭は貞観一一年（八六九）に京都の神泉苑で行われた御霊会がその始まりといわれる。この御霊会では六六本の鉾を建てて疫病退散の祈願を行った。

　この鉾のルーツは粟田神社の剣鉾といわれ、それが現在の祇園祭の山鉾に引き継がれている。そして祇園祭の山鉾巡行がねぶた祭りの山車巡行に引き継がれているのであるから、粟田神社がねぶたのルーツというわけである。

京都のおいしいもの

芋棒

京都の料理は、公家や上流階級が好むような、素材の味を活かした薄味の上品な料理というイメージが強い。だがそれだけでなく、京都では江戸や大坂のように海が近くにないため新鮮な海産物が手に入らないので、質素な素材や干物などの保存食を用いて逸品をつくり出すワザが発達した。

その代表ともいえる料理が「芋棒」である。芋棒は京都で昔からつくられてきた惣菜で、正月のおせち料理の一つでもある。材料は棒だらと海老いもだけ。京都人は、質素な素材と保存食の干物だけで、ハレの日の料理であり天皇も喜ぶ逸品を生みだしたのである。

芋棒につかわれる食材を見てみよう。海老いもは京都で生まれた京野菜で、里いもの一種である。海老のように反り返った形状と、表面に横島があるところが海老のように見えることから、この名前がついたという。

棒だらは、マダラの干物のことで、たらは日持ちしないので古くから保存食として加工されてきた。北海道や東北で採れたマダラを塩も振らずに一～二カ月もかけて天日干しして乾燥させたものである。

江戸時代の中期、元禄から享保にかけて、粟田青蓮院宮《あわたしょうれんいんのみや》に仕えた平野権太夫は、宮中の御料菜園や野菜の栽培を任されていた。あるとき、宮が九州から持ち帰った唐の芋を平野が育てたところ、京都円山の地に合い、海老に似た見事な芋ができたので、これを海老いもと名付けたという。

御所には各地からの献上品が集まるが、北方からの献上品に棒だらがあった。海産物が乏しい当時の京都では棒だらは貴重品であった。そこで、平野はこの棒だらを使った料理をいろいろと工夫していたが、独自の調理法で海老いもと炊き合わせてみたところ、とても相性が良く、いもはふっくらとやわらかく、たらは生臭みが消えて、とてもいい味に仕上がった。青蓮院宮さまもとても喜ばれたという。

そこで平野は宮家を退いて、現在の円山公園内に平野屋の屋号を賜り、芋棒の店を開業した。その後、三〇〇年にわたって、平野屋では芋棒のつくり方を、一子相伝《いっしそうでん》の秘法として、口伝で大切に継承してきた。以来、京都平野屋は芋棒発祥の店として全国にその名を知られるようになり、円山公園を訪れる人は、平野屋の芋棒を食するようになった。

また、宮中でも絶賛されたその味は、文人墨客にも愛され、文豪・吉川英治や川端康成がたびたび食しては称賛したという。

第6章

京都のおもしろ地名の謎

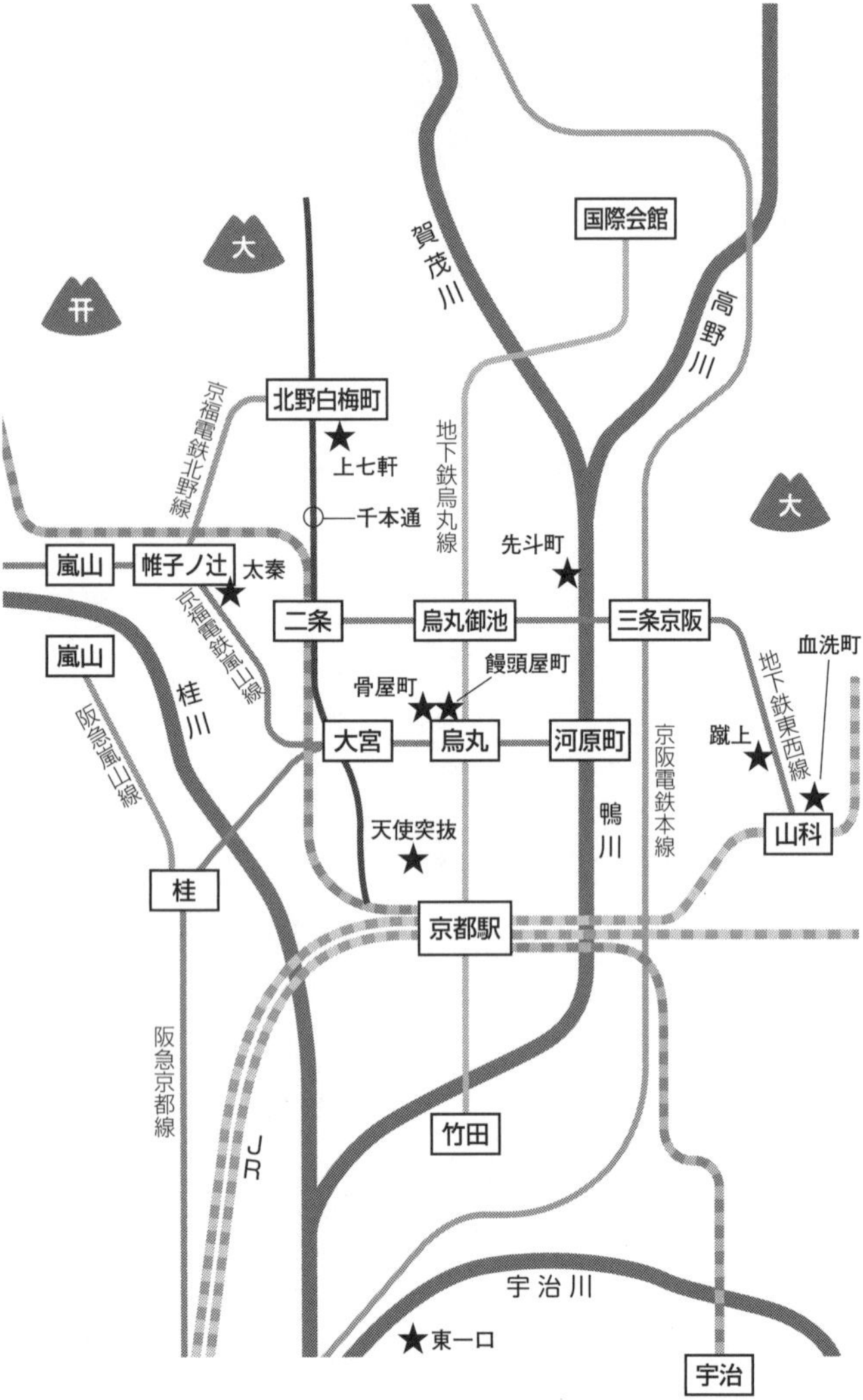

大
大
賀茂川
高野川
国際会館
北野白梅町
上七軒
千本通
京福電鉄北野線
地下鉄烏丸線
先斗町
嵐山
帷子ノ辻
太秦
京福電鉄嵐山線
二条
烏丸御池
三条京阪
嵐山
阪急嵐山線
桂川
饅頭屋町
骨屋町
大宮
烏丸
河原町
血洗町
地下鉄東西線
蹴上
京阪電鉄本線
鴨川
山科
天使突抜
桂
京都駅
阪急京都線
JR
竹田
宇治川
東一口
宇治

一口

京都府久世郡久御山町一口
のってこバス（西ルート）「前川橋」周辺

「ひとくち」と読むのか？

京都には難読地名が多いが、「一口」はその代表といわれる。「ひとくち」か「いちくち」「いっこう」としか読めないが、じつは「いもあらい」と読む。

京都の南にかつて巨椋池《おぐらいけ》という京都では最大の池があった。いまでは干拓によって農地に変えられたが、巨椋インターチェンジの名は残っている。この巨椋池の西が一口の地で京都から南方へ向かう出入り口であった。

平安時代の歴史書にこの地名が記されているので、古くからあった地名のようだ。現在も久世郡《くぜぐん》久御山町《くみやま》に「東一口」と「西一口」の地名が残っている。

ここは三方を宇治川、木津川、桂川に囲まれて村への出入り口は西の一か所しかなかった。そこで「一口」の字が当てられたという。しかしなぜ一口と書いて「いもあらい」と読むのか？

この辺りは湿地帯で洪水が頻繁に起き、疫病がはやった。「いも」とは、昔は野菜の「芋」のことではなく、疫病の疱瘡《ほうそう》のことだった。そこで村の人々は疱瘡の「いも」が村に入らないように村の出入り口に稲荷を祀った。稲荷によって疫病という忌むべきものを払ったのだ。

「忌みはらい」が「いもはらい」から「いもあらい」に変化したのだという。

じつは東京にも「一口坂」と書いて「いもあらいざか」と読ませる坂が千代田区に二ヵ所ある。一つは神田の聖橋《ひじりばし》近くで別名は淡路坂。もう一つは市谷《いちがや》駅近くの坂で、こちらは標識に「ひとくちざか」と書かれているが、もともとは「いもあらいざか」という。

この二つの坂の読み方も京都の一口に由来するという。かつて京都の一口に建てられた一口稲荷は疱瘡《いも》を追い払う御利益があると関東にまで知れ渡っていた。

室町時代に太田道灌の娘が疱瘡にかかったとき、道灌は京都の一口稲荷神社の神さまを神田の地に招いて神社を建ててお祀りした。そこでその近くの坂を一口坂と名付けたのだ。

神田の神社は駿河台に移され、現在は駿河台に残る太田媛稲荷神社《おおたひめいなり》である。

ただし、京都の一口稲荷は現在は残っていない。

太秦

京都市右京区太秦
ＪＲ山陰本線「太秦駅」下車

「ふとやす」としか読めないが……？

「太秦」も京都の難読地名の代表格だ。京都市の西郊外、右京区にある地で、一章でも取り上げた国宝の弥勒菩薩《みろくぼさつ》で有名な広隆寺《こうりゅうじ》がある。竹林や桜が美しい名所の嵯峨野や嵐山が近い。

「ふとやす」「ふとはた」と読んでしまうが、「うずまさ」と読む。「太秦」は明治から昭和までは多くの映画会社が撮影所を置き、時代劇映画を撮影していた。

監督や映画関係者、俳優が多く住み、「東洋のハリウッド」といわれて発展した町である。

現在も東映と松竹の撮影所があり、時代劇やテレビドラマを撮影している。

では、「太秦」がなぜ「うずまさ」なのか？　これには古くからの謂《いわ》れがある。応仁天皇の三世紀ごろ、朝鮮半島から渡ってきた豪族の秦氏《はたし》は京都や大阪に住んだが、この地を本拠とした。

秦氏は土木灌漑、養蚕、織物、酒造りなどに優れた技術を持ち、この地を開拓してこの地の住民に技術を広めた。

雄略天皇の五世紀ごろ、秦氏のなかでリーダー格の秦酒公《はたのさけのきみ》はこの地で養蚕をはじめ絹織物をさかんにつくり、天皇に献上した。そのとき絹織物を天皇の前にうず高く積み上げたので、天皇はひどく喜ばれて秦酒公に「兎豆満佐《うずまさ》」の姓をたまわったという。そこで彼が本拠地とした地も「うずまさ」と呼ばれ、偉大な秦氏という意味から「太秦」の字が当てられたという。

現在、太秦には木嶋坐天照御霊神社《このしまにますあまてるみたまじんじゃ》という神社がある。秦氏は当時ヤマト朝廷の養蚕、機織りの技術を独占し莫大な富を築いたという。そこで秦氏は養蚕の神に感謝しお祀りしたのがこの蚕の社である。

現在もこの神社は何と、五世紀頃から今に至るまで嵐電《らんでん》（京福電鉄）の蚕ノ社《かいこのやしろ》駅近くに鎮座している。

帷子ノ辻

京都市右京区太秦帷子ケ辻町
京福電鉄「帷子ノ辻駅」周辺

いったい何の辻なのか？

前項の太秦の地を走る京福電鉄（通称・嵐電）の駅名にはユニークな名前が多い。前項で触れた蚕ノ社もそうだが、その隣の駅名は「帷子ノ辻」という。

「かたびらのつじ」と読むが、この付近の地名は「太秦帷子ケ辻町」と書き、「うずまさかたびらのつじちょう」という。

「帷子《かたびら》」とは夏に着るひとえの着物、絹または麻糸で織った布のこと。なぜこの地にこんなユニークな地名、駅名がついたのだろうか？　その由来をたどると、これもまた古い謂れがあり、平安時代の初めまでさかのぼる。

嵯峨天皇の皇后であった檀林《だんりん》皇后は、仏教に深く帰依《きえ》して慈悲深く、そのうえたいへんな美女であった。そのため皇后であるのにもかかわらず、大勢の男が恋い焦がれて言い寄り、修行の身の若い僧たちでさえ恋い焦がれたという。

そこで皇后はこうした状況を嘆いて、仏教が説く諸行無常の真理を示して人びとに悟りを呼び戻そうと考えた。

そして自分が死んだ時は、その遺体は埋葬せずにどこかの辻に捨てておくように遺言したのだ。

皇后が亡くなると、遺言どおり遺体は辻に捨てられ、日がたつにつれ腐っていき、野犬やカラスに食われて無残な姿となり、ついには白骨になって果てた。人々はその姿を見て世の無常を悟ったという。

そこで、遺体が捨てられた場所を皇后の経帷子にちなんで「帷子ノ辻」と呼んだという。または、皇后の葬送のとき、棺をおおっていた帷子が風によって飛ばされてこの地に舞い落ちたからという説もある。

天使突抜

京都市下京区天使突抜一丁目
市営地下鉄烏丸線「五条駅」下車徒歩10分

天使を突き抜けるとは何とも恐ろしい？

下京区の西洞院通《にしのとういんどおり》と油小路通の間に南北の細い通りがある。この通り名が何とも恐ろしい「天使突抜通」だ。そしてこの通りに沿って天使突抜一丁目から天使突抜四丁目までの町が並ぶ。

「てんしつきぬけ」と読むが、ユニークな地名が多い京都でも、この地名ほど変わった地名はないだろう。いったいなんでこんな名前がついたのか？

それはこの近くに建つ五条天神宮《ごじょうてんじんぐう》に関係する。五条天神宮は桓武天皇が京都に都を遷したとき、都の平安を守るために弘法大師に命じて大和の国から天神を勧請して創建させたという。

天照大神など三柱の天神を祀っているので「天使の社」といわれた。当時は洛中ではもっとも古い神社で、広大な鎮守の森を有していた。

この五条天神宮から清水寺まで続く五条大路は、平安時代には参拝者でもっともにぎわった通りだった。清水寺の観音さまと五条天神の天使さまとが、平安時代の京都の庶民にもっとも信仰されていたからだ。

ところが豊臣秀吉は天下統一を成し遂げて関白になると、京都の町割を自分の思うようにつくり変えるため大改革を強引に始めた。新しい道をつくって短冊形の町割をたくさんつくったのだ。そのため多くの寺や神社が無理矢理移転させられた。

五条天神も秀吉の京都改革によって、境内の中に一本の道が貫通することになった。秀吉は恐れも知らず、弘法大師がつくった天神さまの境内に、まるで串が突き抜けるように道をつくって二つに割ったのだ。

地元の人々はこの秀吉の仕業にあきれ返ったという。そこで新しくできた町に、天使さまの宮を突き抜けるように通りを通したので、「天使突抜」という名前をつけたという。

この五条天神宮は今も同じ位置にあるが、創建当時の広大な森も社殿もなく、ビルの谷間にひそやかに建つのみである。

蹴上

京都市東山区三条蹴上
市営地下鉄東西線「蹴上駅」下車

ヒーロー義経はじつはこんなに残虐だった？

「蹴上」は東山区の東方、日本で初めて琵琶湖疏水による水力発電所がつくられた地で、現在も蹴上浄水場や水力発電所があることで知られる。東山の緑も豊かな地で南禅寺や琵琶湖疏水公園も近く、桜の名所で政財界の重鎮や企業の高級別荘が建ち並ぶ。

「蹴上」は「けあげ」と読むが、これも変わった地名だが、その由来は、平安末期のヒーローとして人気が高い源義経《よしつね》にちなむ。

義経がまだ牛若丸と名乗っていた一六歳のとき、奥州平泉に向かうことになった。義経と従者の一行は三条大橋を渡り、現在の蹴上の場所にさしかかった。

その際、平家の武者とその従者九名とすれ違ったときのこと。平家の従者一人の乗っていた馬が水たまりの水を蹴上げて義経の衣類を汚してしまったのだ。

すると義経は怒りを爆発させて平家の従者九名を斬り捨て、武者の耳と鼻をそいで追い払ったという。そして奥州へ旅立つ門出に吉兆の出来事といって喜んだという。そこでこの地に蹴上の名がついたという。

さらにこの近くには「九体町《くたいまち》」という地名があった。これは、この地に住む村人が斬り殺された九名の従者の菩提を弔うために、九体の地蔵をつくって供養したことにちなむという。

現在は九体の地蔵のうち六体は消失してしまったが、三体の地蔵は今も残り、疏水公園の一隅に屋根付きの地蔵が一つひっそりと建っている。これが義経が斬り殺した従者一人の地蔵で「義経大日」、または「義経地蔵」と呼ばれている。

それにしても、悲劇のヒーローとして人気が高い義経の信じられないような残虐さを伝える逸話である。

血洗町

京都市山科区御陵血洗町
市営地下鉄東西線「山科駅」下車徒歩10分

なぜこんな物騒な地名がついたのか？

蹴上からさらに東に向かうと、天智天皇陵がある山科《やましな》区御陵《みささぎ》地区になる。東山のゆるやかな丘陵にある山科盆地の一角で、現在は住宅街が広がる。

この御陵地区には「血洗町《ちあらいちょう》」というおどろおどろしい地名がある。なぜこのような地名がついたのか？

これも前項の義経の逸話に関係がある。じつは義経は平家の従者九名を斬り殺した後、この地にあった池で刀についた血を洗い、池の前にある石に腰かけてしばし休息したのだという。そこでこの一帯は血洗町と名付けられたという。

じつはその池と義経が腰かけたという石が現在も残っているという。

この付近に京都薬科大学のグラウンドがあり、その南の隅に、家の敷地に囲まれて三メートル四方のくぼみに水がたまっている池がある。これが義経が刀を洗った血洗い池だという。

そしてその近くに囲いの中に小さな四角い石があり木の札が立てられている。

これが義経が腰をかけて休息した「義経の腰かけ石」だという。

現在はこの一帯も住宅化が進んで血洗い池は小さくなっているが、かつては竹藪がうっそうと茂り、池もかなり広かったという。この義経の伝承は、真偽のほどはわからないが、それにしても物騒な地名になったものである。

饅頭屋町

京都市中央区饅頭屋町
市営地下鉄烏丸線「烏丸御池駅」下車

和菓子の京都らしい地名?

中京区の烏丸通に沿って北は三条通、南は六角通までの一帯は「饅頭屋町」というユニークな町名がついている。「まんじゅうやちょう」と読む。

饅頭屋がたくさんあったのか、和菓子の京都にふさわしい名だ。このように京都市内には今もその地域に住んでいる人びとの職業をあらわした町名が多い。

かつて京都の中心には、さまざまな職人が集団で暮らし、生産や商売を行っていたからである。昆布屋町、材木町、鍛冶屋町、塩屋町などだ。

では饅頭屋町の謂れはどのようなものか?

貞和五年（一三四九）に建仁寺の龍山徳見《りょうざんとくけん》という禅僧が宋から帰国したときに、林浄因《りんじょういん》という中国人が随行してきた。浄因は、あるとき中国のマントウをヒントに、あんを入れて蒸し上げた饅頭をつくって僧侶に提供したところ、僧侶だけでなく寺に集まる武士や公家たちに気に入られたという。

そこで、彼は奈良に移って饅頭づくりを始めた。これが現在は東京にある和菓子の老舗・塩瀬《しおせ》の始まりである。

その後、浄因の子孫は奈良の林家と京都の林家に分かれて浄因の饅頭を売り出した。ところが、京都は応仁の乱が勃発して焼け野原になったため京都の林家は親戚の塩瀬家を頼って移り、塩瀬の名を引き継いだのだ。

応仁の乱が終結すると、再び京都にもどり、現在の烏丸三条下ルに店を構えて饅頭を売り出したところ大評判になって大繁盛した。

さらに当時の天皇に献上したところ、たいへんに喜ばれた。また将軍足利義政より「日本第一番　本饅頭所　林氏塩瀬」と書かれた看板まで賜った。

そこで塩瀬の店があったあたりを、饅頭にちなんで「饅頭屋町」と名付けたという。その後も京都の塩瀬は繁盛し、その饅頭の味は天皇家や豊臣秀吉、徳川家康などの武将たちにも好まれた。

こうして京都の塩瀬は繁栄して十九代続いたが、寛政一〇年（一七九八）に途絶えて、現在は東京に分家した店が、塩瀬総本家を名乗って饅頭を造り続けている。

骨屋町

京都市中央区骨屋町
市営地下鉄烏丸線「烏丸御池駅」下車

何とも奇怪な町名はなぜついた？

前項の饅頭屋町に近く、六角通に面した一角は「骨屋町」という。「ほねやちょう」といい、これまた奇怪な町名である。いったいなぜこのような名前がついたのか？

これも饅頭屋町と同様で、この地に住んでいた人々の職業にちなんでいる。では、骨屋とは、何をする職人なのだろうか？　遺体の骨を拾う人か、はたまた骨折を直す医師なのだろうか？　じつは骨とは人間の骨ではなく、扇《おうぎ》の骨、扇子の骨、団扇《うちわ》の骨のことで、この扇骨をつくる職人の集団がかつてこの一帯に住んでいたことにちなんでいる。

現在は六角通に面した北側と南側の両方合わせても二〇軒ばかりの小さな町内である。いまではこの町内に扇に関連した家は一軒もない。いつから扇骨を造る職人が住んでいたのか、くわしいことはわからないが、豊臣秀吉が天正一四年（一五八六）に京都の大改革に取りかかったときにはすでに存在していたのではないかといわれている。

上七軒

京都市上京区今出川御前東入社家長屋
市営バス「上七軒」下車

最も格式が高い花街に何が七軒あるのか？

「上七軒」は上京区にある花街《かがい》の地名で、「かみしちけん」という。菅原道真を祀った北野天満宮の東側の付近だ。

花街の情趣があふれる町家やお茶屋が軒を連ねていて、時折、舞妓さんが歩く姿も見ることができる。上七軒歌舞練場があり、ここでは春は舞妓や芸妓さんの北野をどり、秋は寿会が催されて華やかになる。

京都には舞妓さんや芸妓さんと遊ぶことができる花街が五つある。祇園甲部、祇園東、宮川町、先斗町《ぽんとちょう》にこの上七軒である。中で、もっとも歴史と伝統が古く格式が高いといわれているのが上七軒なのだ。

上七軒もちょっと変わった地名であるが、その由来は何なのか？ 上七軒の保存会の文献にその謂れが記載されている。それによると、室町時代の文安元年（一四四四）北野天満宮の社殿の一部が火事で焼失した。その後、足利将軍家が社殿を再建させたとき、工事に使った材木が残ったので、天満宮の東側の門前に七軒の茶店をつくって参拝者の休憩所とした。

そこで人々はここを「七軒茶屋」と呼ぶようになり、やがて「上七軒」となったという。

その後、豊臣秀吉が北野天満宮で大茶会を開いたとき、この七軒の茶店を秀吉の休憩所にして名物のみたらし団子を献上したところ、その味を大いに気に入った秀吉は、ほうびに七軒の茶店にみたらし団子の商売をする特権と茶屋権を与えたという。

これが花街上七軒の始まりである。

千本通

じつは不気味で恐ろしい通りだった?

現在の京都市内の中央を南北に貫いている太い通りを千本通《せんぼんどおり》という。この通りは平安京の中央を通っていた重要な大路であった朱雀大路《すざくおおじ》とほとんど変わらない。

南は羅城門《らじょうもん》から始まり、北は船岡山《ふなおかやま》という小高い丘の正面までを結んでいたのが朱雀大路であった。

その朱雀大路が千本通といわれるようになったのは、いつからで、なぜなのだろうか?千本とは、何が千本もあったというのか?

じつはこの通り名には、不気味でおどろどろしい謂れがあるのだ。通りの終点である船岡山は、高さ一一〇メートルほどの小高い丘で、平安時代は戦で敗れた者たちの処刑場であった。しかも船岡山の西の麓は「蓮台野《れんだいの》」といって、遺体の埋葬地であった。

そのため平安時代の千本通は毎晩、死体を運んで行く恐ろしい死の道であったのだ。そのため道の両側には、死者を弔うための卒塔婆《そとば》が数えきれないほど立てられていたという。

千本通の千本とは卒塔婆のことだったのだ。

千本通の北にある船岡山には、処刑された多くの死体が埋まっていた。

また船岡山の西側は蓮台野のほかに紫《むらさき》野《の》という地名がある。

紫野とはじつに美しい京都らしい地名だと思うだろうが、そうではない。「紫」は死者が流した血の色を示しており、「血で染まった野」が紫野なのだ。

先斗町

京都市中京区・鴨川と木屋町通の間
阪急電車「河原町駅」下車徒歩5分

じつはポルトガル語だった？

先斗町《ぽんとちょう》は京都市中を流れる鴨川と賑やかな木屋町通《きやまちどおり》の間の通りで、南北に約五〇〇メートルほど細長く続く、京都五花街の一つである。飲食店や料理屋が軒を連ね、京の風情がたっぷりのエリアで観光客に人気が高い。

狭い通りをはさんだ東側の店は、鴨川に面しているため、夏になると鴨川の川べりに床を張り出して客をもてなす納涼床を始める。この床も人気で鴨川の夏の風物詩となっている。

この先斗町も難読地名だ。「先斗」は「せんと」としか読めない。なぜ「ぽんと」と読むのだろうか？

安土桃山時代、この地にはポルトガル人が多く住んでいて、彼らがこの地を「ポント」と呼んでいたことに由来する。ポルトガル語で「ポント」は「先」の意味だという。この一帯はもとは鴨川の中洲《なかす》だった。そこを堤防を築くために埋め立てたところ、家が建ち始めて町ができた。

それが鴨川の河原に面した先端にあったので、ポルトガル人たちは「先にある町」という意味で「ポント」と呼んだという。

それがやがてこの地の名前になったのだという。

湯葉

惣菜や鍋料理、吸い物などに使われる湯葉は、歴史が古く、8～9世紀の唐の時代の中国で生まれたといわれる。大豆の搾り汁（豆乳）を凝固剤で固めたものが豆腐だが、豆腐をつくるときにできた副産物であったと思われる。大豆を搾ってできた豆乳を加熱した際に、表面にできる薄い膜を竹串などで引き上げたものである。

日本に伝えられた時期については諸説あってはっきりしないが、肉食を禁じられていた中国の僧侶たちが、豆腐や湯葉を食していたものが、唐に留学していた日本の僧侶によって伝えられたとされる。

その時期は平安時代とも鎌倉時代ともいわれるが、中国に渡った僧侶が豆腐や湯葉を持ち帰り、京都の寺でつくり始めたのが発祥だといわれる。肉を食べられない僧たちにとって、大豆を原料とする湯葉は貴重なタンパク源で、京都の寺院を中心にしだいに広まり精進料理や懐石料理には欠かせない食材となった。

一説には、最初に日本に伝えられたのは、比叡山延暦寺の開祖である最澄が、唐に渡った際に天台宗の教えとともに持ち帰ったという。９世紀の初めのことである。比叡山で始まった湯葉づくりは、日光の輪王寺や身延山にも伝えられて、それらの門前町でもつくられるようになった。いまでは京都の湯葉とともに、日光や身延町の湯葉も名産として全国に知られる。

生湯葉は生のまま料理の材料にしたり、刺身のように食べる。乾燥湯葉は保存食として貴重な食材である。文政２年（１８１９）に出版された当時の料理の本には生湯葉、東寺湯葉、揚げ湯葉などを使ったさまざまな料理のレシピが記されており、江戸時代の頃には精進料理としてかなり出回っていたことがわかる。

湯葉の特徴はそのなめらかなとろりとした食感と、きわめて豊富な栄養にある。畑の肉といわれるほど、良質なたんぱく質やビタミン類、微量栄養素が含まれているので、いまでも貴重な食材として人気が高い。

寺院が多く、茶の湯が発達した京都には、精進料理や懐石料理に使われる食材や料理が生まれて、多彩な食文化を築いてきたのである。湯葉もその一つである。

だから京都は面白い！

編著者　京都の不思議探偵団
発行者　真船美保子
発行所　KK ロングセラーズ
　　　　東京都新宿区高田馬場4-4-18　〒169-0075
　　　　電話（03）5937-6803（代）　振替　00120-7-145737
　　　　http://www.kklong.co.jp
印刷・製本　中央精版印刷(株)

落丁・乱丁はお取り替えいたします。
ISBN978-4-8454-5187-6　C0220
Printed In Japan 2024

本書は2015年9月に出版した新書判を改題改訂して新たに出版したものです。